Michael Sachs

Trostbüchlein für die so in den Ehestand treten wollen, und auch allbereit darin leben

Michael Sachs

Trostbüchlein für die so in den Ehestand treten wollen, und auch allbereit darin leben

ISBN/EAN: 9783743640184

Hergestellt in Europa, USA, Kanada, Australien, Japan

Cover: Foto ©Lupo / pixelio.de

Weitere Bücher finden Sie auf **www.hansebooks.com**

Trostbüchlein:

Für die / so in

Ehestandt tretten wöllen/
Vnd auch allbereit darinne leben/
Darinne sie mit Gottes Wort gerüstet
vñ gestercket werden/ wider Sechsserley schwere Anfechtungen/ darmit sie der Teuffel dauon
wil abschrecken/ Oder doch darinne jrre vnd
vnruhig/ bestürtzt vnd bekümmert machen/
Aus heiliger Schrifft gefast
vnd gegründet.

Durch
Michaelem Saxonem/
Gleichischen Hofprediger
zu Thonna.

VV. T. D. D. G. L. N.

M.D.LXXXII.
H. G. V. W.

Ad candidum Lectorem.

Huc ades, hic ingens latitat thesaurus, opesq́;
 Collige curarum subsidiumq́; famis.
Siue quis in thalamo multos transegerit annos,
 Non expers quod fert sponsa petita mali:
Seu cælebs tædas amet atq; adspiret ad istas:
 Ni liciti retrahant multa pericla tori.
Hic sanctis dociles sapient calcaribus acti
 Vt fidei iaceant rite speiq́; basin.
Irarum Sathanæ fraudisq́; ignara iuuentus
 Horrescit thalami sacra toriq́; iugum;
Aulicus ex aula metuit se quisq́; repelli
 Rusticus à mensa diuite seruus heri.
Connubio iuncti lectos odêre iugales
 Nec stygij fugiunt retia tensa Lupi.
Quisq́; suæ carnis sceleratâ peste laborat
 Et sumus ad uetitum turba parata nefas.
Hoc quia fortis inest igitur medicina libello
 Et contra morsus Dæmonis antidoton.
Non uulgare DEI præco κειμήλιον offert
 Saxo, quod haud, altâ despice fronte leges
Quicquid enim facili lingua generaliter effert
 Syracides morum dogmata sancta canens:
Adplicat ad thalamos speciatim Saxo, legitq́;
 Quod sponsos solide pagina sacra docet.
 Erasmus Theurkauff.

※ ij

Dem Durch-
leuchtigen / Hochgebornen
Fürsten vnd Herrn / Herren Chri-
stiano / Hertzogen zu Sachsen / Landgra-
uen in Düringe / Marggrauen zu Meis-
sen / etc. meinem Gnedigen Für-
sten vnd Herren.

Vnd

Dem Edlen / Wolgebornen
Herren / Herrn Günthern / Graf-
fen zu Waldeck / meinem Gnedigen Her-
ren / Sampt jrer F. Durchleuchtig-
keit vnd Gnaden / lieben Ehe-
gemahlen.

Vrchleuchtiger / Hochge-
borner Fürst / Auch Wol-
geborner / Edeler Graffe /
Gnedige Herren. Gleich wie der
leidige Teuffel / den heiligen Ehe-
standt /

Vorrhede.

standt/ durch seine werckzeug/ die Papisten/ vnd andere Rotten/ als einen vnreinen/ fleischlichen standt/ vernichtet/ die Menschen daruon/ mit großmachung seines Creutzes vnd vnruhe/ abschrecket/ vñ zu dem wilden/ freyen/ vnzüchtigen leben vnd wesen/ reitzet/ vnd mit grossen hauffen zeuhet.

Also herwider/ rhůmet vñ preiset der heilige Geist/ durch seine werckgezeuge/ die Prophetē vñ Aposteln/ vnd alle Trewe Prediger/ den heiligen Ehestand/ als einen gutē/ Gott wolgefelligen/ vnd vns armen menschen/ sehr nötigen vnd hochnützen Standt/ Vnd reitzet darzu alle die/ so die hohe gabe der Keuscheit nicht haben/ mit fürhaltung Siebenerley wichtiger Vrsachen.

Vorrhede.

Zum Ersten/ In deme er/ in heiliger Schrifft/ die sein eigen Buch ist/ anzeigt/ Wie Gott den Menschen/ nicht zu Mönchischer oder Nonnischer einsamkeit/ sondern zů Ehestand vnd ordentlicher vermehrung geschaffen habe/ Gene. 1. Gott schuff sie ein Menlein vnd Frewlein/ vñ segnete sie/ vñ sprach: Seidt fruchtbar/ vnd mehret euch.

Zum Andern/ In dem er meldet/ Wie Gott den Ehestand selber gestifftet/ Die erste Eheleut selber zusamen gegeben/ vnd jhren stand/ als gut vñ nötig/ auch für dem falle/ gerhůmet habe. Gene. 2. Es ist nicht gut/ das der Mensch alleine sey/ ich wil jhm eine Gehůlfin machen/ die sich zu im halte/ etc. Widerholet auch solchen rhum/ nach dem falle/
als Pro.

Vorrhede.

als Pro. 18. Wer eine Ehefraw findet/ der findet was gutes/ vñ schepffet Segen von dem HErren. 1. Cor. 7. So du junger Gesell freyest/ sündigest du nicht/ Vnd so eine Jungfraw freyet/ sündiget sie nicht.

Zum Dritten/ In deme er einfüret den Segẽ Gottes/ vber diesen Standt gesprochen/ Gene. 2. Gott sprach: Seidt fruchtbar/ vnd mehret euch/ vnd füllet die Erden/ etc. Widerholet auch solchen Segen/ nach dem falle/ Gen. 8. Vnd im 128. Psalm.

Zum Vierden/ In deme er in den heiligen zehen Gebotẽ/ den Ehestandt/ als eine gute/ nötige vñ heilsame/ nütze Ordnung/ bestetigt/ vñ gleich mit drey starcken Mauren befestiget/ Denn im 4. Gebot/ verbeut er

Vorrhede.

beut er ernstlich/Das man die Eheleut/ Vater/ Mutter/ Herrn vnd Frawen/ nicht sol verachten/ sondern als Gottes Stadthalter/ ehrē vnd lieben. Im 6. Gebot/ verbeut er/des Nechsten Ehegenossen/ nicht zu schenden/ Vñ ermanet Eheleut/ das sie fein friedlich vnd freundlich beysamen leben/ einander trewlich vnd hertzlich meinen. Im 10. Gebot/ verbeut er auch die vnordentliche lust vnd brunst/gegen des Nechsten Ehegemahl/auff das jhme jha sein Ehebette rein vnd vnbeflecket bleibe/Hat auch je vñ allwege vber solchen Geboten ernstlich gehalten/ also/ das kein vbertretter derselben/ jemals vngestrafft blieben ist/ laut Pauli zeugniß/ zun Ebre. am xiij. Die Ehe sol ehrlich gehalten werdē
bey je&

Vorrhede.

bey jederman/ Das Ehebette rein/ vnd vnbefleckt/ Die Hürer vñ Ehebrecher/ wil Gott selber richten.

Zum Fünfften/ In deme er den Ehestandt rhůmet/ als eine krefftige Artzeney/ wider die böse lust vnd brunst des fleisches/ die vns sonst one diß mittel/ in vnehre vnd schande/ verderben Leibs/ Guts vnd Seelen brechte. 1.Cor.7. Es ist besser freyen/ dann brunst leiden. Hurerey zuuermeiden/ habe ein jeder sein eigen Weib/ vñ eine jede jren eigen Mañ.

Zum Sechsten: In dem er anzeiget/ Das Gott im Ehestande/ einem jeden Menschen gibt/ den aller besten Freund/ getrewesten vnd bestendigsten Gehülffen/ in liebe vnd leide/ glück vnd vnglück/ Verbindet auch selber jhre hertzen also/ in liebe vnd trew/

✶ v

Vorrhede.

vnd trewe/gegen einander/ das sich eines auff das ander kan verlassen/ Eines hilfft dem andern/ Kinder zeugen vñ erziehen/ Narung erwerben vnd zu rhate halten. Syr. 27. Wer eine Haußfraw hat/ der bringet sein Gut in rath/ vnd hat einen getrewen Gehülffen/ vñ eine seule/ der er sich getrösten kan. Wo kein Zaun ist/ da wird das gut verwüstet/ Vnd wo keine Haußfraw ist/ da gehet der Haußwirt/ als gieng er in der irre. Pro. 31. Eines Mannes hertze/ darff sich auff sein Weib verlassen/ Narung wird jhm nicht mangeln/ Sie thut jhm liebes/ vnd kein leides sein leben lang. Diß Gut findet man warlich in dem freyen wilden Hurē leben nicht/ Sondern da bringen dich deine Anhengerin vnd lose

Vorrhede.

vnd lose Schlepsecke/ vmb deine gesundheit/ ehre/ gut/ vnd vmb die seligkeit/ Dañ Paulus sagt mit dürren worten/ Kein Hürer vnd Ehebrecher/ sol theil haben am Reich Gottes.

Zum Siebendē/ In deme er den Ehestandt rhümet/ als die Brunquelle/ daraus alle Menschen vnd Stende fliessen/ vnd als die fortpflantzung vñ erhaltūg des menschlichen Geschlechtes/ *Acto.*17. Gott hat gemacht/ das von einem blute/ aller Menschen Geschlecht auff erden wonen/ Vñ gibt/ durch den Ehestandt/ jederman odem vnd leben.

Was thut der heilige Geist/ mit einfūrung dieser vrsachen/ anderst/ als das er menniglich leret vnd anreitzet/ Wil er in einem Gott wolgefelligen

Vorrhede.

selligen vnd gesegnetem Stande leben/ ein getrewen Gehülffen/ in liebe vnd leide/ haben/ sein Gut erhalten/ seinen Stam̃ vnd Geschlecht/ in ehren vermehren/ So sol er sich inn aller Gottesfurcht/ inn diesen standt begeben/ Gott anruffen/ vnd jhme vertrawen/ so werde er gewiß an leibe vnd seele erhalten/ vnd gesegnet werden.

Wer auch diese angezogene vrsachen betrachtet/ der wird gewiß den Ehestandt nicht scheltē/ sondern loben/ nicht hassen/ sondern lieben/ nicht/ als schedlich/ flichen vnd meiden/ sondern mit allem guten willē vnd furcht Gottes/ darein/ als eine nütze Ordenung/ tretten/ vnd mit Paulo sagen/ Ey/ es ist besser freyē/ als brunst leiden/ Mit Salomone:
Es ist

Vorrhede.

Es ist besser zwey/als eins/dann sie geniessen jrer arbeit wol/etc.

Weil aber der Teuffel/ als ein Tausentkünstener/mancherley anfechtung weiß zuerregen/darmit er entweder junge leute vom Ehestande abschrecket/ oder die/so drinne leben/jrre/ betrübet vnd bekümmert/ vneinig vn̄ verdrossen machet/ Habe ich / nach erforderung meines Ampts/ vnd verleihung Göttlicher Gnade vnd Gabe / wann es die gelegenheit gegeben / meine Zuhörer daruon vnterrichtet / jhnen wider des Teufels list/ aus Gottes worte/ Rhat vnd Trost mitgetheilet/ Vnd entlich auff etlicher gutherziger leute/ auch hohes standes/ die solche lere vn̄ trost / von mir auff Hochzeiten/ Beylagern vnd Heimfarten/gehöret ha-

Vorrhede.

ret haben/ begeren vnd bitte/ in diß folgende Büchlein zusamen gefaſſet/ vñ allen Eheleuten zu troſte vñ nutze/ in offnen Druck verfertiget/ der tröſtlichen hoffnũg/ es ſolle niemand ſchedlich vñ verdrießlich/ ſondern vielen nütze / lieb vnd angeneme ſein.

Ewrer Fürſtlichen Durchleuchtigkeit/ vnd Gnaden aber/ habe ich diß Troſtbüchlein ſemptlichen darumb *dediciren* vnd zuſchreiben wöllen/ Weil dieſelbden in einem jhare/ ſich in dieſen Standt begeben/ vnd faſt zu gleicher zeit / jhre fröliche Heimfart gehalten habẽ/ Auff das ich hiermit meine Chriſtliche glückwündſchung/ vnd demütige bitte zu Gott/ omb ein guten eingãg/ glücklichs mittel / vnd ſelige endung ſolches Stan=

Vorrhede.

ches Standes/ gegen E. F. D. vnd G. bezeugete/ nach der Regel Pauli/ Frewet euch mit den frölichen/ Vnd S. Jacobs/ Einer bete für den andern/ auff das jhr alle erhalten/ vnd selig werdet.

Zum Andern/ Auff das durch betrachtung des hohen Christlichen Ansehens/ E F. D. vnd G. als *Patronen* dieses büchleins/ auch andere bewogen würden/ es desto lieber zu keuffen/ zu lesen/ vnd in die hand zu nemen/ vnd jnen die nütze lere/ vnd krefftigen trost/ aus Gottes worte/ hierinne fürgehalten/ desto bekandter zu machen/ zum lobe vnd preise Gottes/ oberwindung der bösen anschlege des Teuffels/ jhrem eignen nutze vnd wolfart/ vnd zum vnterricht

Vorrhede.

richt vnd Troste/ anderer bekümmerter Leute/ zugebrauchen.

Bitte derwegen / in aller vnterthenigkeit / E. F. D. vnd G. wölle solches / als von mir wol vnd gut gemeinet / im besten verstehen/ vnd in allen Gnaden an vnd auffnemen / vnd dieser *dedicirung* kein vngefallen tragen / das bin ich mit meinem Gebet vmb E. F. D. vnd G. zuuerdienen jederzeit willig vnd bereit.

Befehle hiermit E. F. D. vnd G. sampt derselbden hertz lieben Ehegemahten/in Gottes Gnade/ schutz vnd schirm / Der wölle vmb seines Sohnes willen/ E. F. D. vnd G. an Leibe vnd Seelen/
Gut vnd

Vorrhede.

Gut vnd Ehren/ segnen/ vnd für allem vbel/ List vnd Gewalt des Teuffels / gnediglich bewaren/ Amen. Datum THONNA/ in den Osterfeyrtagen/ des 1582. Jharß.

E. F. D. vnd G.
Vnterthentger

Michael Saro/
Hofprediger zu
Thonna.

✳✳ Euk

Sum vnd Inhalt dieses Trostbüchleins.

In diesem Trostbüchlein / werden folgende fürneme Stück vnd Puncten begriffen.

Zum Ersten.

Wird zum grunde / folgender Tröstungen / eingeführet / der Text Syrachs am 2. Mit anzeigung seines Inhalts / Vnd vermeldung / in welche stück des heiligen Catechismi er gehöre.   folio. 1. 2. 3. 4.

Zum Andern.

Wird erzelt die Erste Anfechtung / Nemlich / 1. Die Bauchsorge, oder der Zweiffel / an der zeitlichen erhaltung.   fol. 5

Item /

Sum vnd Inhalt diß büch.

Item / Der Rhat vnd Trost wider solche anfechtung. fol. 6.7.

Item / Fünfferley Gründe / zur vergewisserung solches Trostes dienlich / fol.   8.9.10.11.12.13.

Zum Dritten.

Wird erzelet die andere Anfechtung / 1. Von beysorge / Als möchte der Ehegatte vbel geraten / fol. 14

2. Item / Rhat vnd Trost wider solche anfechtung. fol. 15

3. Item / Wie man sich halten sol / wañ es in der angefangenen ehe / nicht aller dinge nach seinē wundsch gehet / fol. 16.17.

4. Item / Sieben vrsachen / daraus vnglück vnd vngedeyen / im Ehestande / als aus einem gifftigē brunne / entspringet / fol. 18.19.20.

※ ※ ij   Item /

Summm vnd Inhalt

5. Item / Dreyerley guter That / zu erhaltung fried vnd einigkeit / vñ zu abwendung des vnglücks dienlich / Sampt etlichen Historien / fol.
21. 22. 23. 24.

Zum Vierden.

Wird erzelt die Dritte Anfechtung / 1. Da der Teuffel dem Gewissen zusetzt / mit großmachung den sünden / fol. 25.

2. Item / Rhat vnd Trost / wider solche anfechtung, fol. 26. 27. 28.

3. Item / Sechserley Gründe / zu vergewisserung dieses Trostes dienlich / fol. 29. 30. 31. 32. 33. 34.

Zum Fünfften.

Wird erzehlet die Vierde Anfichtung / Wie jhnen der Teuffel / aus dem eingefallenen Creutze / ein zeichen

dieses Trostbüchleins.
zeichen Göttlichs zorns machen/ vñ den Glauben aus dem hertzen reissen wölle / fol. 35.

Item/ Rhat vnd Trost/ wider diese anfechtung/ fol. 35.

Item/ Dreyfacher Trost vnter dem Creutz/fol. 36.37.38.39.

Zum Sechsten.

Wird erzelet/ wie jnen der Teufel/ die mühe vnd arbeit/ sorge vnd kummer/ im Ehestande fürfallend/ pflege grewlich zu machen/ sie darmit vom Ehestande abzuschrecken/ oder doch vnlustig vnd verdrossen zu machen/ fol. 40.41.

Item/ Rhat vnd Trost/ wider diese anfechtung/ fol. 42.43.

Item/ Sechserley Gründe/ zur
※※ iij verge‐

Summ vnd Inhalt
vergewisserung solches Rhats vnd Trostes dienlich/ fol. 44.45.46.

Zum Siebenden.

Wird angezeigt/ Wie beschwerliche/ betrübte Gedancken/ der Teuffel den Eheleuten pflege einzubilden/ wann sie vnfruchtbar sein/ vnd keine Kinder zeugen. Wird auch Rhat vnd Trost / wider solche Anfechtung gewiesen. Fol. 47.48.49. 50.

Item/ Wird auch meldung gethan/ Wohin man sehen/ Vnd was man thun sol/ Wann man böse vngeratene Kinder beköm̃et / an denen man Vnehr vnd Schande / betrübnis vnd hertzeleid/ erlebet/ fol. 51.52.

Item:
Vier feine Gebet.

Das Erste/ Der Eltern/ für
ihre

dieses Trostbüchleins.
jhre Kinder/Das sie Gott erhalten/
vnd wol geraten lassen wölle.

Das Ander/ Für einen Hauss-
vater / Für sein Weib vnd Kinder.

Das Dritte / Für eine Hauss-
mutter / für jr Gemahl vnd Herrn/
Kinder vnd Haußhaltung.

Das Vierde/ Für die Regen-
ten / vmb Göttlichen beystandt/
Christlich vnd wol zu regieren.

Vnter. für die/ so in Eheſt. tret. wöl-

Notwendiger vnd Tröſtlicher Vnterricht/ für die/ ſo in Eheſtand tretten wöllen/ Oder allbereit darinne leben/ Wie ſie die Anfechtunge des Teuffels/ darmit er ſie vom Eheſtande abſchrecken/ oder doch darinne jrre machen wil/ ausſchlahen/ vnd vberwinden/ vnd darwider ſich küſten vnd tröſten ſollen.

So ſchreibet Syrach / im buch ſeiner Chriſtlichen Haußzucht/ am 2. Capitel.

Die/ ſo jhr den HERREN fürchtet/ vertrawet jhme/ ſo wird es euch nicht fehlen.

Die/ ſo jhr den HERREN fürchtet/ hoffet des beſten von jhm/ ſo wird euch Gnade vnd Troſt alleseit widerfären.

Die/ ſo jr den HErren fürchtet/ Warret ſeiner Gnade / vnd weichet nicht/ Auff das jhr nicht zu grunde gehet.

A   Sehet

Unterricht/für die/so in

Sehet an die Exempel der Alten/ vnd mercket sie/ Wer ist jemals zu schanden worden, der auff jn gehoffet hat? Wer ist jemals verlassen/ der in der Furcht Gottes geblieben ist? Oder wer ist jemals verschmehet von jme/ der jn angeruffen hat? Dann der HERR ist Gnedig vnd Barmhertzig/ Vergibt die Sünde/ Vnd hilfft in der Noth.

Sum vnd Inhalt dieses Texts.

Diese verlesene wort/begreiffen in sich einen notwendigen Bericht/ vnd einen schönen krefftigen Trost.

Der Vnterricht stehet darin/ wie ein jeder/ in seinem Christlichen Beruff vnd Stande/ sich recht verhalten sol/ Nemlich/ Das er Gottfürchtig sey/ In alle seinem thun vnd lassen/ Gottes gegenwart bedencke/ Derwegen sich hüte/ das er nichts thu vnd fürneme/das wider Gott/sein gebot vnd willen streittet/ auff das er nicht in sein Gerichte/ zorn vnd straffe

Eheſtandt tretten wöllen.

ſtraffe falle/ ſondern ſeinen gantzen wandel vnd handel/alſo anſtelle / das es Gott zu preiß vnd ehren / vnd andern zu nutze/ dienſte vñ beſſerung gereichet / Wie Salomon ermanet/in ſeinen Predigten/am 12. Fürchtet Gott/ vnd haltet ſeine Gebot/das ſtehet allen Menſchen zu/Dann Gott wird alle werck für Gericht bringē/ das hie verborgen iſt/es ſey gut oder böſe. Vnd S. Paulus/1.Cor.10. Alles was jr thut/das thut Gott zu Ehren.Ro.15.Ein jeder ſtelle ſich alſo / das er ſeinem Nechſten gefalle zum gute vnd zur beſſerung.

Es ſol ſich auch ein jeder/ inn ſeinem ſtande/keinen fleiß/mühe vnd arbeit/ verdrieſſen/auch keine not/gefahr vnd widerwertigkeit/darinne jrren vñ auffhalten/ viel weniger dauon abſchreckē laſſen/ſondern kecklich darinne fortfarē/ Gott vmb hülffe vnd beyſtandt / ſchutz vnd ſchirm/ glück vnd ſegen/anruffen/frewdig vñ beſtendig verharrē/der gewiſſen zuuerſicht/ Gott werde jn nicht hülffe vnd troſtloß laſſen/ Wie Syrach nicht allein hie ermanet/

A ij

Unterrichte / für die / so in
manet / Sondern auch solches im 7. Cap.
widerholet / sagende: Ob dirß saur wird /
in deiner Narung / das laß dich nicht ver-
driessen / Dañ Gott hats also geschaffen /
Vnd im x. Cap. Mein Kind / in Wider-
wertigkeit sey getrost / vnd trotze auff dein
Ampt / Denn wer an seinem Ampte ver-
tzget / Wer wil dem helffen? Vñ wer wil
den bey ehren erhalten / der sein Ampt sel-
ber vnehret?

Der Trost aber stehet darin /
Das diese wort: Allen so in Gottes furcht
wandeln / so gewiß verheischen vnd ver-
sprechen / Das Gott der HErr sich wer-
de vnd wölle jrer zum trewlichsten anne-
men / sie an leibe vnd leben / weibe vnd kin-
der / versorgen vnd ernehren / Jhnen vmb
CHRJsti willen / Gnade erzeigen / alle
jhre Sünde jhnen vergeben / Sie in an-
fechtungen stercken vnd trösten / Aus al-
ler widerwertigkeit vnd gefahr / noth vnd
todt / erretten / vnd dort sie aller jhrer hiege-
habten mühe vnd arbeit / kummer vñ hertz-
leleids / reichlich ergetzen / Wie die wort
des Tro-

Eheſtandt tretten wöllen.

des Troſtes lauten: Die jhr den HErrn
fürchtet/ vertrawet jhm/ ſo wird es euch
nicht fehlen/ Die jhr den HErren fürch-
tet/hoffet des beſten von jm/ ſo wird euch
Gnade vnd Troſt allezeit widerfaren/
Dann vnſer Gott iſt Gnedig vnd Barm
hertzig/ Vergibt die Sünde/ vnd hilfft in
der Not.

Wohin dieſe wort/ im heiligen Ca-
techiſmo/ zu ziehen.

Dieſe ſchöne wort gehören/ in vnſerm
heiligen Catechiſmo

1. In das Erſte Gebot/ weil ſie leren/
das wir/nach erforderung deſſelbē/ Gott
fürchten/lieben vnd vertrawen ſollen / in
gedult vnd beſtendigkeit/in vnſerm beruf-
fe/fortfaren vnd verharren / Vnd vns
auch vertröſten/ Das Gott/ vnſer Gott
vnd Erhalter / Ernehrer vnd Bewarer
ſein wölle.

2. Item/ In das ander Gebot/ Weil
ſie vns ermanen/das wir/ nach dem ex-
empel aller Außerwelten/Gott in nöten/

A iij   frewdig

Unterricht/ fur die/ so in
frewdig anruffen / vnd seiner hülffe erwarten sollen.

3. Desgleichen in den ersten Artickel Christliches Glaubens/ Weil sie eine feine beschreibung Gottes setzen/ Das er der rechte Allmechtige Nothelffer sey/ an leibe vnd seele/ Der hie für vns sorge/ vns ernehre vñ beschütze/ Der vns/ vmb Christi willen/ die Sünde vergebe/aus not vñ todt errette/ewig erhalte vnd selig mache.

4. In das Vater vnser/ Dann sie ermanen/ nicht allein zum Gebet/ sondern versichern vns auch der erhörung vnd gewerung vnser bitte/ Stellen vns für/ alle Gleubige Väter/ wie gnedig sich Gott/ auff jhre bitte/ gegen jhnen erzeiget habe/ vnsere anruffung dardurch zuerwecken/ vnd vnsern Glauben dadurch zu stercken.

Applicirung vnd Theilung dieser wort.

WEil nu der heilige Ehestandt/ deßne zu Ehren wir jetzund versamlet sein / Auch ein Göttlicher standt/

stande/ gestifft vnd ordnung ist / vnd wie
alle andere heilige Gottes Ordenung/
auch seine mühe vnd arbeit/ sorge vñ hertz=
keleidt/ creutz vnd widerwertigkeit/ hinde=
rung vnd beschwerung hat/ darwider wir
alleine aus Gottes heiligem Worte/ rhat
vnd trost/ suchen vnd nemen müssen/ So
wil ich diese verlesene schöne wort darzu
appliciren vñ gebrauchen/ vnd die/ nach
darreichung des heiligen Geistes hülffe
vnd beystandt/ durch fünff vnterschiedli=
che stück vnd puncten/ handeln vnd erkle=
ren.

Theilung dieser wort/ in sechs Heuptstück.

Zum Ersten / Wil ich melden/
Wie der Teufel die Leute vom Ehestan=
de pfleget abzuschrecken/ oder darinne zu
betrüben/ mit der Bauchsorge/ Vnd be=
richten/ Wie man sich der erweren/ vnd
was man zum grunde vñ vergewisserung
des Glaubens/ betrachten sol.

Zum Andern / Wie man sich in
der beysorge/ von vbelgeratung des Ehe=
gatten/

Vnterricht/ für die/ so in gattens/halten sol. Item/Von Sieben Vrsachen/daraus vnglück vñ vngedeien im Ehestande/ als aus einem gifftigen Brunne/herfleust/ Vnd von dreyerley Rhate/zu erhaltung der einigkeit dienlich.

Zum Dritten/ berichten/Wie der Teufel die Eheleute/mit fürhaltung vnd großmachung jhrer Sünden/sich vnterstehe abzureissen/von dem kindlichen vertrawen vnd zuuersicht zu Gott / Vñ wie man sich darwider rüsten vnd trösten sol.

Zum Vierden/ Anzeigen/ Mit waserley schweren gedancken/ er sie zur zeit des einfallenden Creutzes/ zu plagen pflege/ Vnd wie sie die ausschlagen vnd vberwinden können.

Zum Fünfften/Vermelden/Wie er jhnen die beschwerung des Ehestandes pflege grewlich/groß vnd abschewlich für zu bilden/ jnen darmit diesen stand zuuer leiden/sie daruon abzuschreckē/oder doch darinne vnlustig vnd betrübet/gegen einander vngedüldig/storrig vnd vnfreundlich

Ehestande tretten wöllen.

sich zu machen / Mit bericht / Wie man auch dieser seiner list sich erweren / darwider sich rüsten vnd trösten solle vnd könne.

Zum Sechsten / Wil ich meldūg thun / Wie beschwerliche betrübte gedancken / der Teufel den Eheleuten pflege ein zubilden / wann sie vnfruchtbar sein / vnd keine Kinder zeugen. Vnd darneben berichten / Wie man in solcher anfechtung sich halten / stercken vnd trösten solle.

Item / Wes sich Eheleute erinnern vnd trösten sollen / wann jhnen die Kinder vbel geraten / sie schande vnd vnehre / betrübniß vnd hertzeleidt / an jhnen erleben.

Diese hohe nutzbare Lehrpuncten / rein vnd fein / deutlich vnd klerlich fürzutragen / zu mercken vnd behalten / wölle vns Gott / durch seinen heiligen
Geist / gnade vnd krafft verleihen / Amen.

Vnterricht / für die / so in

Von der ersten Anfechtung
des Teuffels.

Die erste Anfechtung/ darmit der Teufel/ die/ so sich in Ehestandt begeben wöllen/ Oder allbereit darein getreten sind/ angreifft / abschreckt / oder doch wol plaget / ist die Bauchsorge / oder der Zweiffel an der zeitlichen Narung vnd Vnterhaltung/ Das jnen der Teuffel die Gedancken einscheust/ Sihe/ In ein Hauß gehöret gar viel/ Zur gebürlichen ausfürung der Haußhaltung noch viel mehr/ So ist es jetzundt gar eine geschwinde/ klemme vnd thewre zeit/ da alles/ was inn die Haußhaltung gehöret/ zum höchsten gesteigert ist/ Wie wilt vnd kanstu dann darinne / dich mit einem Weibe/ vnd nachfolgends mit Kind vnd Gesinde ernehren/ Es hat mit einem alleine not/ das er sich behilffet / Wie wiltu dann hinfort selb dritt oder vierde/ fünffte

oder

Ehestandt tretten wöllen.

oder sechste/ auskommen/ Wo wiltu so
viel nemen/ als diese alle bedürffen?

Vnd diese Anfechtung hilffet fein
vermehren vnd stercken/vnsere blinde ver
nunfft/ die gar geschwinde ist auszurech=
nen/ Was vnd wie viel man zur Hauß=
haltung bedarff / Vnd so bald sie sihet/
das kein/oder doch geringer vorrad/ vor=
handen ist/Schleust sie balde/Es sey vn=
müglich/ das wir vns daruon vnterhaltē
solten oder könten/Spricht mit Andrea:
Es ist wol etwas da / Aber was ist
das vnter so viele? Dann bey jhr heist
es : Manus nostræ sunt oculatæ, cre=
dunt quod vident. Das ist/ Die Ver=
nunfft gleubet weiter nicht/ dann sie vor=
radt fürhanden sihet. Vnd hierdurch
wird mancher beweget / den Ehestandt
zu fliehen / vnd die weile mit losen Bäl=
gen sich zu schleppen / Mancher wird/
durch diese Anfechtung / beweget/ das er
in Krieg zeuhet/ oder gar daruon leuffet/
Weib vnd Kind sitzen/ hunger vnd kum=
mer leiden lesset.

Rhat

Unterricht/für die/so in Rhat vnd Trost/wider dieſe Anfechtung.

Dieſe Anfechtung zuuertreiben/ Gibt allhie Syrach einen feinen Rhat vñ krefftigen Troſt. Der Rhat iſt dieſer/ Das/wer inn den Eheſtandt tretten/oder glücklich darinne leben/vnd ſein notturfftiges auskommen darinne haben wil/Der ſolle es mit Gott vnd in ſeiner Furcht anfahen/Gott/als den Stiffter dieſes Standes/erkennen aus ſeinem Wort/denſelben vmb glück vnd ſegen/ Leibes vnd Lebens narung vñ notturfft anruffen/ Vnd darmit ſein Gebet nicht verhindert werde/ ſeine begangene Sünde/ damit er Gott erzürnet/ ſeinen fluch vñ ſtraffe verdienet hat/ berewen/ vnd jhme leid ſein laſſen/ Gott dem HErrn dieſelbe/ im Namen Jheſu Chriſti/ abbitten/ vnd feſtiglich gleuben/ Er werde jhm Gnade erzeigen/ vnd vergebung widerfaren laſſen/ Jhme auch fürnemen/vnd durch Gottes hülffe/ ſich

ernſtlich

Ehestandt tretten woeen.

enstlich befleissen/ hinfort nicht freuent-
lich zu sündigen/ wider Gottes Gebot vñ
willen/ nicht wissentlich zu thun vnd zu
handeln/ Sondern sich/ Gott seinem
Herrn vnd Schöpffer/ zu einem diener
ergeben/ Eine gute Ritterschafft oben/
Glauben vnd gut Gewissen bewaren/
Das heist/ wie hie Syrach ermanet/ den
HERREN fürchten/ Vnd an denen
hat auch Gott der HErr ein sonderlich
wolgefallen/ sihet auff sie/ vnd versorget
sie/ Wie Dauid zeuget/ im 147. Psalm/
Der HERR hat wolgefallen an de-
nen/ so jhn fürchten/ vnd auff seine
Güte warten.

Der Trost/ den Syrach wider
diese Anfechtung gibt/ ist dieser/ Das er
das Väterliche Hertze/ vnd Fürsorge
Gottes/ gegen denen/ so jhn fürchten/ so
hoch vnd herrlich rhümet/ das er sie ge-
wiss vnd warhafftig nicht werde hungers
sterben/ noch sonst verderben lassen/ Das
so spricht er: Qui timetis Dominum,
Credite

Vnterricht/für die/so in

Credite ei, Non euacuabitur Merces vestra. Die jhr den HERREN fürchtet/ Vertrawet jhm/ Es wird euch nicht fehlen. Als wolt er sagen: Laß dichs nicht jrren/ das viel zur Haußhaltung gehöret/ Du aber wenig im vorradt hast/ Gott ist grösser/ als ein Hauß/ Kan er Himmel vnd Erden erfüllen/ so kan er auch ein Hauß/ mit nottürfftigen Gütern/ erfüllen/ Kan er alle Creaturen ernehren/ vnd mit wolgefallen settigen/ er kan auch dich vnd deine Haußgenossen speisen/ wie Maria singet: Die Hungerigen füllet er mit Gütern. Darumb trawre vnd zage nicht/ Fahe du nur deinen Ehestandt in Gottes erkendtniß vnd furcht an/ Arbeite/ vnd verrichte deinen Beruff mit fleisse/ Rüffe Gott an/ vnd vertrawe jhm/ so wird es dir nicht fehlen an nottürfftiger versorgung/ Der HErr/ dein Gott/ weiß/ was du mit den deinen bedarffest/ Wil vnd wird es dir veterlich vnd mildiglich darreichen/ Mit seinem Segen vnd allem gute/ bey dir sein/

Ehestandt tretten wöllen.

sein/ Wie auch Dauid/ solchen Trost wiederholet/ im 37. Psalm/ Hoffe auff den HERRN/ vnd thu gutes/ Bleib im Lande/ vnd nehre dich redlich/ Habe deine lust an Gott dem HErren/ der wird dir geben/ was dein hertze wündschet/ Befihl dem HErrn deine wege/ vnd hoffe auff jhn/ Er wirds wol machen. Das wenige/ das ein Gerechter hat/ ist viel besser/ dann das grosse Gut der Gottlosen/ Dann der Gottlosen arm wird zerbrechen/ Aber der HERR enthelt die Gerechten/ Sie werden nicht zu schande/ in der bösen zeit/ Vnd in der Thewrung werden sie gnug haben.

Im 34. Psalm/ Fürchtet den HERRN/ jhr seine Heiligen/ Dann die den HErrn fürchten/ haben keinen mangel/ Die Reichen müssen darben vnd hungern/ Aber die den HErren fürchten/ haben keinen mangel/ an jrgent einem Gut/ Dann der HERR sihet auff die/ so
jhn

Unterricht/für die/ so in jhn fürchten/die auff seine güte hoffen/Das er sie errette vom Tode/ vñ ernehre sie in der Thewrung.

Im 55. Psalm: Wirff dein anligen auff Gott den HERRN/ der wird dich wol versorgen/ Vnd wird den Gerechten nicht ewig im vnrhu lassen.

Da hörestu jhe eine liebliche tröstliche Harmoniam/ oder/ Vbereinstimmung/ des Propheten Dauids/ mit diesen worten Syrachs/ Das Gott die/so jhn fürchten/liebe/veterlich auff sie sehe/ vnd für sie sorge/ Er wölle sie alle ernehren/ jhr Leib vnd Seele/gut vnd ehre bewaren / Jhnen kein leid lassen widerfaren / Oder doch sie daraus erretten/vnd wider trösten.

Was man zum grunde vnd vergewisserung dieses vertrawens/ betrachten sol.

Darmit

Eheſtandt tretten wöllen.

Darmit aber jhr / meine geliebte Chriſten/die ſchwere zweiffelhaffte Gedancken des Teufels vnd fleiſches / deſto ehe ausſchlahen / vnd deſto leichter/durch wirckung des heiligen Geiſtes / oberwinden könnet / vnd den Glauben / vnd kindliches vertrawen zu Gott/ inn ewrem hertzen erwecket / ſtarck vnd feſte machet / welchs hoch von nöten iſt / Dann gleubt jhr nicht / ſo bleibt jhr nicht. So ſolt jhr auff folgende Gründe / als gewiſſe vnd ſichere Fundament ewers Glaubens / gute acht haben / die wol behertzigen / vnd euch fleiſſig einbilden.

Zum Erſten.

Die nahe verwäntniß / darmit Gott euch/vnd jhr Gotte zugethan ſeidt / Nemlich: Das Gott/durch Chriſtum/ewer lieber trewer Vater iſt / vnd jhr ſeine liebe angeneme Kinder ſeidt/ Wie S. Paulus bezeuget/ jun Gall. am 3. Ir ſeid allzumal Got-

Unterricht / für die / so
tes Kinder / durch den Glauben an
Jhesum Christum. Jo. am j. Gott hat
macht gegebē/seine kinder zu werdē/
allen denen/ so an den Namen seines
Sohns gleuben. Da halt stille/ lieber
Christ/ Ermuntere dein Hertze/vnd dens
cke: Ist Gott mein Vater/ so wird er
mich/ als sein Kind/ lieben/ ernehren vnd
versorgen. Dañ hat er den Natürlichen
Eltern/ diese liebe eingepflantzet/ das sie
für jre kinder sorgen/ vnd jhnen vnterhal
tung verschaffen/ Wie solt er dann so vn
gütig vnd vntrew sein / das er seine Kin
der solt lassen hungers sterben / oder sonst
inn noth vnd gefahr verderben/ Dieses
trostes versichert vns der Herr Christus/
da er/ Mat.am vj. saget: Jr solt nicht/
wie die Heyden/ sorgen / vnd sagen:
Was werden wir essen/ Was wer
den wir trinckē/ Womit werden wir
vns kleiden? Ewer Vater im Himel/
weis/das jr des alles bedürffet. Se
het an die Vogel vnter dem Himel/
Sie seen nichts aus / Sie ernden ni
chts ein/

Ehestandt tretten wöllen.

chts ein/Vnd ewer himlischer Vater
mehret sie doch / Solt er das deñ nicht viel mehr euch thun? O jr kleingleubigen. Vnd Matth. am 7. bethewret er solches mit einer feinen Gleichniß/
Wer ist vnter euch Menschen/ so jhn
sein Kind bittet vmb Brod/der jhm
einen stein gibt/ Oder / so es jn bittet
vmb ein Visch/der jm eine Schlange
gibt? Köndt dann jhr/die jhr doch
arg seidt / ewern Kindern gute Gaben geben / Wie viel mehr wil ewer
Vater im Himel gutes geben/ denen
so jhn bitten.

Solchen Trost bildet euch allhie
auch Syrach ein / mit dem wörtlein:
HERRE/ Dann ist Gott ewer HErr/
So wird er jha euch/ als seine Diener/
Knecht vnd Megde/ mit leibes notturfft
versorgen? Dann lassen die jrdische/ohmechtige Herren / jhre Diener/ keinen
mangel leiden? Wie viel weniger wil
vnd wird es der Himlische / Allmechtige
HErre thun/ von deme David saget/ im
B ij   104. Psalm

Unterricht / für die / so in 104. Psalm. Du HERR feuchtest die berge von oben her / Du machest das Land voll früchte / die du schaffest / Du lest Graß wachsen für das Viehe / vnd Saat / zu gut den Menschen. Das du Brod aus der Erden bringest / das der Menschen hertz stercket / Vnd den Wein / der des Menschen hertz erfrewet.

Drumb / Wie die Augen der Knechte / auff die hende jhrer Herren sehen / Vnd wie die Augen der Megde auff die hende jhrer Frawen sehen / Also sollen vnsere Augen auff den HERRN vnsern Gott sehen / bis er vns gnedig werde vnd helffe / Psal. 123.

Zum Andern.

Je klare Verheischung / als im 5. Buch Mose / am 28. Wirstu der stimme des HErrn deines Gottes gehorchen / das du haltest seine Gebot / So wird der HERR

Eheſtandt tretten wöllen.

HERR ſeinen Segen vber dich kõmen laſſen / Geſegnet wirſtu ſein in der Stadt / Geſegenet auff dem Acker / Geſegnet wird ſein die Frucht deines Leibes / Viehes / Landes. Geſegnet wird ſein dein Brodkorb / vnd dein vbrigs / Geſegnet wirſtu ſein / wann du eingeheſt / vnd wider auſsgeheſt. Der HERR wird ſeinen guten Schatz auffthun / den Himmel / das er deinem Lande Regen gebe / zu ſeiner zeit / Vnd das er ſegene alle werck deiner hende.

Im 132. Pſalm: Jch der HErr / wil jhre Speiſe ſegenen / vnd jhren Armen Brotes gnug geben. Im 112. Pſalm: Wol dem / der den HErren fürchtet / vnd groſſe Luſt hat zu ſeinen Geboten / Des Same wird gewaltig ſein auff erden / Das Geſchlecht der Frommen / wird geſegnet ſein / Reichthumb vnd die fülle / wird in jhrem hauſe ſein vnd jre Gerechtigkeit bleibet ewiglich. Den
Fromm

Unterricht/für die/so in Frommen gehet das Liecht auff/ mitten im finsternis/von dem gnedigen/ barmhertzigen vnd gerechten Gott. Matthei am vj. Trachtet am ersten nach dem Reich Gottes/ vnd nach seiner Gerechtigkeit/ so wird euch das andere alles zufallen.

Zum Dritten.

Die Krafft des Gebets/ das von Gott erlanget/ alles was es begeret/ wie die heilige Schrifft zeuget/Matth.7. Bittet/ so werdet jhr nemen/ Suchet/ so werdet ir finden/ Klopffet an/ so wird euch auffgethan/ Dann wer da bittet/ der entpfehet/ Wer da suchet/ der findet/ Wer da anklopffet/dem wird eröffnet. Marci am xj. Alles was jhr bittet/ gleubt nur/ so werdet jhr es entpfahen. Im 145. Psalm: Der HErr ist nahe/ allen die jhn anruffen/ Die jhn mit ernst anruffen. Er thut/was die Gottseligen begeren/ Höret jhr schreyen/vnd hilffet jhnen. Weil

Eheſtandt tretten wöllen.

Weil du dañ nu von Gott deinem himliſchen Vater/das tegliche Brod bitteſt/ Wie iſt es müglich/ das er dir es ſolt verſagen?

Komen dir hie die gedancken ein: Ach: der Meuler ſind ja zu viel/die da eſſen/ Es gehöret jha zuuiel darzu/ſie alle zuuerſorgen? etc. So bedencke darneben/Das der auch viel ſeind/ die mit vnd neben dir beten/ (zeuheſt du anderſt deine Kinder vnd Geſinde/ zu Gottes furcht/ wie du ſchüldig biſt) Je ſtercker du nu zu Tiſche wirſt/jhe ſtercker auch dein Gebet wird/ vnd jhe gewaltiger es den Himmel durchdringet/ vnd Gottes reichen Segen in dein hauß bringet/ Wie Chriſtus ſaget/Matth. am 18. Wo zween oder drey vnter euch einig werden auff erden/ warumb es iſt/ das ſie bitten wöllen/ das ſol jhn widerfaren von meinem Vater im Himmel.

Vnd D. Martinus Lutherus ſaget/Gen. am 47. am rande: Nos ſenes mali, fruimur omnibus bonis, propter

B iiij pueros.

Vnterricht/ für die/ so in pueros. Wir alten Narren/ essen mit den Kindern/ Nicht sie mit vns/ Ipsi domini, nos procuratores.

Zum Vierden.

Die allgemeine speisung vnd erhaltung aller Creaturen/ Wer ernehret die Vögel in lüfften/ die Visch im Meer/ die Thier vnd das Wildt/ im felde vnd walde/ Auch zu der zeit/ wann das Erdreich/ von frost vnd schnee/ gleich gar verschlossen ist/ Thut es nicht Gott der HErre? Laut des 104. Psalms: Alles wartet es auff dich/ das du jhn Speise gebest/ zu seiner zeit/ Wann du jhn gibst/ so samlen sie/ Wann du deine hand auffthust/ so werden sie mit güte gesettiget. Im 145. Psalm: Aller Augen warten auff dich/ das du jhnen speise gebest/ zu seiner zeit/ Du thust deine handt auff/ vnd settigest alles, was lebet/ mit wolgefallen. Darbey dencke: Sihe/ nehret Gott die wilde fressige Thier/
die vn-

Ehestandt tretten wöllen.

die vnnütze Raben/ Geyer vnd Sperlinge/ die gifftige Ottern vnd Schlangen/ die grewliche Lindwürme vnd Crocodilen/ Ey wie solt er dann dich / sein edles geschöpff vnd liebes kind/nicht nehren vn̄ erhalten? Zu diesen gedancken weiset vns auch Christus/ Matth. am vj. Sehet an dse Vogel vnter dem himmel/ etc. Item: Die Lilien auff dem felde/ etc. Drumb schlag alle schwere zweiffelhaffte Gedancken aus / Ermuntere dein Hertz / inn kindlichem glauben vnd vertrawen zu Gott/ vnd sprich:

Certa mihi spes est, quod vitam qui
 dedit idem
Et velit & possit suppeditare cibum.

Dessen bin ich gewiß / Das Gott/ der mir das Leben geben hat/ kan vnd wil mich ernehren / Auch retten aus allem vngemach.

Zum Fünfften.

B v Die in

Vnterricht / für die / so in-

Je in sondere speisung vnd ernehrung aller Gleubigen / zu allen zeitten / inn fürgefallenem mangel vnd thewrung:

1. Als des Jsaacs / da der in der thewrung / inn der Philister Landt zog / vnd Acker vmbs geld mietete / segnete jn Gott also / das er hundertfeltige Früchte bekam / Das ist / für einen ausgeseeten Scheffel / Hundert Scheffel / Gen. 26.

2. Da Jacob / mit den seinen / inn der siebenjärigen Thewrung / hette verderben müssen / Sendet Gott seinen Sohn Joseph / ohn sein wissen / inn Egypten / Macht jhn allda zum Reichen Fürsten / auff das er im mangel / seinem Vater vn̄ Brüdern / mit alle jhrem Haußgesinde / aushelffen / vnd sie beim Leben erhalten könne / Gen. 41. 42. 43. 44. 45. 46. 47.

3. Da Elias inn der Wüsten mangel leid / gebeut Gott einem Raben / das er jm alle tage Fleisch vnd Brodt zufüren muste / 1. Reg. xvij.

4. Da in

Ehestandt tretten wöllen.

4. Da / in grosser Thewrung / eine Gottsfürchtige Wittwe / zu Sarepta / nicht mehr hatte im vorradt / als eine hand voll Meel / vnd ein wenig Oles / segnet es Gott also / das sie die gantze thewrung vber dauon buch vnd aß / vnd dennoch die handt voll Meels nicht verzeret ward / vñ dem Oelkruge nichtes mangelte / 1.Reg.17.

5. Die Jsraeliten / inn der Wüsten / trenckete Gott / in jhrem dürste / aus den dürren Steinfälsen / vnd speisete sie mit Brodte vom Himel teglich / Da sie auch nach fleische lustern wurden / trieb er jnen durch einen wind / eine vnzelbare menge Wachteln zu / Exod.16. Num.11.

6. Ja / das noch wunderlicher ist / Ob sie wol 40. Jhar inn der Wüsten / ohn vnterlaß / hin vnd wider reisen vnd ziehen musten / So erhielt sie Gott doch also / das jhre Kleider nicht veralteten / vnd jhre

Vnterricht für die/ so in
vnd jhre schuch nicht zurissen/ Jre Füsse
auch nicht zerschwollen. Deut. 8. 29.

Auff diese Exempel/ weiset vns all=
hie auch Syrach/ das wir vnsern glau=
ben darmit stercken sollen/ sagende: Se=
het an die Exempel der Alten/ vnd
mercket sie/ Wer ist jemals zu schan=
de worden der auff jn gehoffet hat?
Wer ist jemals verlassen/ der inn der
furcht Gottes geblieben ist? Drumb
alle die jhr den HERRN fürchtet/ ver=
trawet jhme/ es wird euch nicht fehlen.

Die Andere Anfechtung/
Von vbelgeratung des Ehe=
gattens.

Vnt Andern/ geben
auch diese wort Syrachs/
einen feinen Trost/ wider
die schwere gedancken/ als
möchte der Ehegatte vbel
geraten/ Da manch junges Hertz den=
cket: Gerne wolt ich inn den stand der
Ehe/

Ehestandt tretten wöllen.

Ehe / nach Gottes Ordnung / tretten/ Wann ich nur wüste / wie mein Ehegatte geraten wolte / Dann ich sehe / das manches Weib einen vnuernünfftigen bösen Mann krieget / der nichtes thut/ denn frist vnd seufft / doppelt vnd spielt/ alles durch die Gorgel jaget/ Sein Weib reuffet vnd schleget / Hunger vnd kummer leiden lesset. Item / Das mancher Man ein böse vngeraten Weib beköm̃pt/ die gar nichtes von der Haußhaltung weiß / faul vnd verthunig ist / mit der er nirgents fortkom̃en kan / Die jhn stets anbillet/ wie ein Ketten Hundt / mit Kisersuppen / Prckel erbsen vnd Beißkohl teglich abspeiset / Mit jhrem Odem jhn ausreuchert/ Für der er weder Tag noch Nacht friede hat/ Bey der er stets im Fegfewr sitzet / Vnd wenn es gleich kalt ist/ für angst schwitzet/ etc.

Rhat vnd Trost hierwider

Jerauff gibt Syrach diesen Rhat vnd Trost / Das man solche Gedancken

Vnterricht/ für die/ so in
Gedancken ausschlahen sollt/ vnd es auff
Gottes befehl / vnd inn seiner furcht wagen/Gott anruffen / das er einen frommen/haußhelligen / friedliebenden Ehegatten geben/vnd bescheren wölle/ Auch
der fürsichtigkeit gebrauchen / das man
sich/ für der Verlobung / fein vmbsehe/
nicht allein nach pracht vnd schönheit/
Geldt vnd Gute/Sondern nach Gottseligkeit / zucht / tugent vnd erbarkeit / als
denne Gott vertrawen / Er / als vnser
Vater/wisse am besten/was für vns dienet/vns nütze vnd gut ist/Wölle vñ werde vns auch solches geben/ Wie hie Syrachs wort lauten : Ihr / die jhr den
HErren fürchtet/ Vertrawet jhme/
so wird es euch nicht fehlen. So sage
auch Salomon/ Pro. 18. Haus vnd
Hoff/ das erben die Kinder von jren
Eltern/ Aber ein fromes Ehegemahl/
das kömpt von Gott dem HErrn.
Vnd Syrach am 26. Cap. spricht: Ein
Tugentsam Weib/ ist eine Edle Gabe/Vnd wird dem gegeben/der Gott
fürchtet/ er sey reich oder arm / so ist

Ehestandt tretten wöllen. 16

sie jm ein trost/vnd macht jhn allzeit frölich.

So füret Gott dem Adam seine Euen zu/Dem Jsaac/seine Rebeccam/ Dem Jacob/seine Rachel/Dem Tobia/ seine Saram/vnd regierte sie mit seinem heiligen Geiste/das sie eine gute friedliche vnd frewdenreiche Ehe besassen/Werete dem Eheteuffel/das er sie nicht vneinig machen/noch beleidigen kundte/So wil er noch heut zu tage thun/allen die jhn fürchten/jn anruffen/vñ jme vertrawē/ Wie Sirach hie sagt: Die jr den Herrn fürchtet/vertrawet jhm/so wird es euch nicht fehlen.

Hastu nu Gott angeruffē/Dich auch mit fleisse nach ein Gottfürchtigen Ehegemal vmbgesehen/vñ es auff Gottes bescherung gewaget/vñ es gerett gleichwol nicht aller dinge/wie du wol gedacht hettest/vñ es gerne sehest/Der Man ist wunderlich vnd seltzam/Das Weib vnhauß heltig/vnd beissig/etc.

1. Ey/so erinnere vnd tröste dich der Veterlichen versehung/vnd des gnedi

Vnterricht/für die/ so in
gen willens Gottes/der es aus gewissen/
jhm wol bewusten/ vnd dir nützen vrsa=
chen/also mit dir hat haben wöllen/ Der
einem jeden ein Creutz aufflegt vnd zu=
schickt/wie er weiß/ das es jhm nütze vnd
gut ist/ Demselben frommen/ trewen
Gott/halt stille/in aller gedult/Vnd sey
gewiß/ Er werde dir nicht mehr aufflegen/als du ertragen kanst/Wie S.Pau=
lus sagt/1. Corinth.10. Gott ist Ge=
trew/ vnd lest niemandt versuchen
vber vermügen/ Sondern gibt/ das
die Anfechtung ein solch ende ge=
wint/ das mans ertragen kan.

2. Ruffe/ in solchem deinem Creutz/
zu Gott/ das er es nach seinem gnedigen
willen/ vnd deinem besten/ endern/ oder
doch lindern wölle/ Vnd zweiffele nicht/
er werde es thun/ laut seiner zusage/ im
50. Psalm/ Ruffe mich an/in deiner
noth/Ich wil dich erretten/ das du
mich solt preisen. Im 68. Psalm/
GOtt legt vns wol eine Last auff/
Aber er hilffet vns auch. So that
die from=

Ehestandt tretten wöllen.

fromme Abigail/ bey dem vollen vnd tollen Nabal/ Vnd Gott erlösete sie von jhme/ vnd bescherete jhr den Gottseligen König Dauid/ zu einem Ehegemahel/ 1. Sam. 25.

3. Kere fleiß an/ mit ermanung/ warnung/ gedult/ sanfftmut vnd freundlicher vnterredung/ deines Ehegattens mängel zu wenden vnd bessern/ Vnd ob es nicht allwege so schnur gleich/ nach deinem wundsch vnd willen/ gehet/ So habe gedult/ drücke augen vnd ohren zu/ versihe/ verhöre/ vnd verbeiß etwas inn gedult/ Das fördert vnd erhelt Einigkeit/ Bewaret auch den Segen GOttes im hause/ Diesen Rhat gibt Syrach/ am 4. Sey nicht ein Lewe vnd Wütrich in deinem hause. Vnd S. Peter sagt: Jhr Menner/ wonet bey ewren Weibern/ mit vernunfft/ vnd gebt dem weibischen/ als dem schwechsten Werckgezeuge/ seine Ehre/ als Miterben der gnade vñ lebens/ Auff das ewer Gebet nicht verhindert werde:

Jhr Wei

Unterricht / für die / so in

Jr Weiber / seid vnterthan ewren Mennern / Auff das die/ so nicht gleuben an das wort / durch ewern wandel gewonnen werdē one wort/ Wann sie ansehen ewren keuschen wandel/ in der furcht.

Exempel.

So vertrug Moses/in gedult/seiner Zipora/da sie jn/aus vbereilung des zorns/ einen Blutbreutgam nante/ da sie jhren Son beschneiden muste, Exo. 4. Straffte/in aller sanftmut/Job/sein Weib/als sie jm seine Gottesfurcht vñ vnglück auffruckte/Job 1. So verbeiß/der alte Tobias/es in aller gedult/da jm sein weib/sein elend fürwarff/Tob. 2.

So hatte die fromme Abigail gedult/mit jhrem vollen zapffen / dem Nabal/straffte jn fein glimpflich/ da er nüchtern worden war/1. Sam. 25.

So hat die Monica / des Herrn Augustini Mutter/ mit sanfftmut beygewohnet/

Eheſtandt tretten wöllen.

wohnet/ jrem Heidniſchen wunderlichen Manne/ vñ mit jrem glimpffe vñ freundligkeit/ jhn beweget/ das er auch endtlich gleubig vnd from geworden iſt.

Sieben Vrſachen/ der vbelratung des Eheſtandes.

Alhie mus ich melden etliche wichtige Vrſachen/ daraus/ als aus einem gifftigen Brunne/ die vbelgeratung des Eheſtandes/ herquillet/ Auff das ſich fromme hertzen/ deſto beſſer darfür zu hüten wiſſen.

Die Erſte iſt/ Das jhrer viel/ nicht auff das rechte ende des Eheſtandes ſehen/ welches iſt:

1. Das man Gott diene/ mit zeugung vnd erziehung der Kinder/ zu ehre vnd dienſte Gottes/ vnd erbawung ſeines Reiches/ Gen. 1. Ephe. 6. Pſal. 78.

2. Item/ Das eines an dem andern einen getrewen Gehülffen vnd beyſtandt habe/ Wie Gott ſpricht/ Gen. 2. Es iſt nicht gut/ das der menſch alleine ſey/ wir wöllen jm ein gehülffen machẽ/ die vmb jn ſey.   C ij   3. Vn-

Vnterricht/ für die/ so in

3. Vnzucht vnd vnordnung zuverhalten/ Zucht vnd keuscheit zuerhalten/ 1. Cor. 7. 1. Thes. 4. Diß wird von jhrer viele nicht betrachtet/ sondern tretten in diesen standt/ nur aus fleischlicher geilheit/ jhre lust zu büssen/ drüber sie inn Gottes zorn/ vnd in des Teufels gewalt komen/ Wie der Engel Raphael saget/ Tobie am 6. Ich wil dir sagen/ vber welche der Teufel gewalt hat/ Nemlich/ vber die jenigen/ So Gott verachten/ vnd alleine vmb vnzucht willen Weiber nemen/ wie das thumme Viehe/ Du aber solt beten/ vnd dich zu deiner Jungfrawen thun/ mit Gottesfurcht/ Mehr aus begierde der frucht/ als aus böser lust/ Das du vnd deine Kinder den Segen erlangest.

Die Ander ist/ Das man nicht nach Frömmigkeit/ Ehr vnd Tugendt freyet/ Sondern nur nach Reichthumb/ pracht vnd schönheit/ Darbey wird mancher betrogen/ das er eine Reiche/ vnd nicht redliche/ Feine/ vñ nicht weise/ Schöne/ vnd nicht frome/ Klare/ vnd nicht ware/

Eheſtandt tretten wöllen.

ware/ Eine geſchmückte/ vnd doch verrückte Jungfraw bekommet/ Darauff dann endtlich rewel/ zwietracht/ reuſſen vnd ſchlagen folget.

Die Dritte. Das niemandt bleibet bey ſeines Gleichen/ ſondern der Arme begeret ein Reich Weib/ Der vnedle/ eine vom Adel/ Der Alte Greiß/ ein junges Mägdelein/ Darbey iſt ſelten gute eintracht/ Da mag leicht etwas geſchehen/ Das Reiche vnd Edle/ verachte das arme vnd vnedle/ Die Jugendt das Alter/ Wirffet jhm ſeine Armut/ geringen ſtand/ vnd vnuermügen für/ Da hebet ſich dann der Bettlers Tantz/ das ſie mit einander zur Stuben nauß/ vnd zur Treppen nunter purtzeln/ etc.

Die Vierde iſt. Wann man ſolche Perſonen freyet/ die ſich vorhin mit andern verlobet haben/ vnd ſolch verlöbniß verneinen/ verſchweren/ vnd auff jhr Gewiſſen nemen/ Da folget gewiß aus/ Gottes Straffung/ allerley Plagen vnd vnglück auff/ Dann wil Chriſtus/ das in
gemeinen

Vnterricht/ für die / so in gemeinen hendeln/ ja sol ja/nein sol nein sein / Wie viel mehr / in diesem heiligen Göttlichen stande / sol gehalten werden/ was man zugesaget hat? Straffet Gott die Lügen/in gemeinen geringen händeln begangen / Wie solt er sie in dieser hohen heiligen Ordnung Gottes vngestraffet lassen?

Die Fünffte / Wann man sich in Reichthumb freyet/der vbel erworben vñ hergebracht ist / durch raub / wucher/stelen/ zaubern. / Drachen halten/Da kan aber kein glück / segen vnd gedeyen bey sein/ Der Fluch Gottes frist es alles hinweg/ Vbel gewunnen/ Vbel zurunnen/ De male quæsitis, non gaudet tertius Hæres, Vbel erworben Gut/reicht nicht auff den dritten Erben. Wie man in teglicher erfarung wol sihet/wie plötzlich offte solcher Reicher Leut Kinder / bey grossem Reichthumb verarmen.

Drumb sollen wir vnsern Christlichen Vorfahren folgen / die im Freyen Dreyerley zu fragen pflegten:

1. Ob

Ehestandt tretten wöllen.

1. Ob Breutigam oder Braut / auch Ehrliches Geschlechtes weren.

2. Ob sie / für jhre personen / auch Gottsfürchtig / Fromm / Züchtig vnd Tugentreich weren.

3. Wie sie jhre Güter erworben hetten / redlich oder vnredlich / mit oder wider Gott / Da kundte auch glück vnd segen auff folgen. Weil man aber jtzundt alleine im freyen auff pracht vñ schönheit / Gut vnd Reichthumb gaffet / vñ dencket: Siue raptum, siue captum, mihi aptum, Es sey gestolen oder genommen / Kan ich es nur bekommen / So thut mirs frommen. Was ist es dann auch wunder / das es im Ehestande vbel gehet / vñ der Tewel folget / ehe man offt ein Jar im Ehestand gewesen ist.

Die Sechste ist / Das man offte zu nahe in die Blutfreundtschafft freyet / Da zeuget Gottes Wort / sampt der teglichen erfarũg / das auch darbey kein glück noch gedeyen ist / Entweder am Leibe /

C iiij Gute

Vnterricht/für die/ so in gute oder kinden/findet sich die straffe/ Leuit.18. Wie auch die Heidnischen Historien des Oedipi vnd Thyestis auwweisen/sampt der Historia Herodis.

Die Siebende ist / Wenn man mit vnbußfertigem hertzen/in disen stand tritt/one erkentnis/bekentnis/ berewung vnd ablegung gethaner sünden/ Da kan aber nichtes gutes auff folgen / dann es heist: Non est pax impio, Der Gottlose kan nicht zum friede komen. Jch der HERR dein Gott/bin ein starcker eyueriger Gott/vber die so mich hassen / vnd meine Gebot vbertretten/ Die Sünde der Veter heimzusuchen an den Kindern / bis ins dritte vnd vierde glied/Exod.20. Per quæ quis peccat,per eadē & punitur. Wodurch einer sündiget/ dardurch wird er auch gestraffet. Wer anderer leut Weiber vnd Kinder schendet/der erlebet gemeiniglich an weibe vnd kindern widerumb schand vnd vnehre/ Wie Dauids Histori gnugsam ausweiset/Der schendet sein trewen
Diener

Ehestandt tretten wöllen.

Diener Vria/ sein Weib/ darumb strafft
jn Gott/ das sein eigner Son Ammon/
seine Tochter/ die Thamar/ verunehret/
Sein Sohn Absolon/ jagt jhn aus dem
Reich/ vnd beschlefft für dem gantzen
volck/ an heller Sonne/ zehē seiner Kebß-
weiber auff ein mal/ 2. Sam.11. 13.16.

Dreyerley nützer Rhat/
dem vnglück vnd vneinigkeit/ im Ehestande/ vorzu- komen.

Rumb/ Wer dem Vnglück
vnd Vneinigkeit/ im Ehestande/
vorkomen wil/ der mercke diesen
trewen Rhat/ vnd folge dem mit ernst vñ
fleiß.

Erstlich. Ehe du in den Ehestand
trittest/ So stelle dir die heiligen Zehen
Gebot/ als einen Geistlichen Spiegel/
für die Augen/ Bedencke ernstlich/ Was
Gott darinne von dir erfordert/. Halt
dargegen dein leben/ Erkenne/ bekenne/
berew-

Vnterricht / für die / so in bereiwe vnd beweine / besage vnd beklage / für deinem Herrn vñ Gott / deine Sünde / vñ vielseltige vbertrettung / Laß es dir hertzlich vnd schmertzlich leid sein / das du wider deinen frommen Gott gesündiget hast / vnd jhn so hart erzürnet / Bitte vnd flehe / Ruffe vnd schreye zu jhm / im Namen seines Sohnes / vmb gnade vnd vergebung / Nimm dir ernstlich für / das du hinfort / für wissentlichen Sünden dich wöllest hüten / Wöllest in Gottes furcht vnd Gottseligkeit / dein leben füren / Bitte auch Gott / das er dir darzu wölle seinen heiligen Geist verleyhen / vnd zu deinem angehenden Ehestande / dir seinen Segen / Glück vnd gedeyen geben / Christlich anzuheben / glücklich zu mitteln / seliglich zu schliessen. Diesen Rhat gibt Syrach am 37. In allem deinem thun / ruffe an / den Aller höchsten / das er dein thun gelingen / vnd nicht fehlen lasse.

Das nu dieses / zu erlangung vnd behaltung Göttliches Segens vnd gnade / nütze vnd fürderlich sey / bezeuget Syrach am 1. Wer den Herren fürchtet / dem wird es wol gehen/ Vnd wañ er trostes bedarff./ wird er gesegnet sein. Gott fürchten/ ist die Weisheit/ die Reich macht/ vñ bringet alles gutes mit sich/ Sie erfüllet das gātze haus mit jrer gabe/ vnd alle Gemach/ mit jhrem schatze. Der 128. Psalm saget: Wol dem/ der den HErrn fürchtet/ vñ auff seinen wegē gehet/ Der wird sich nehren seiner hende arbeit/ Wol Jhm/ dann er hat es gut. Sein Weib wird sein/ wie ein fruchtbar Weinstock/ vmb sein Haus/ seine Kinder wie die Oelzweige vmb seinen Tisch herumb. Sihe/ so wird gesegnet der Mann/ der den HErren fürchtet.

Zum Andern. Wen̄ man nu Ehelich worden ist/ sol man dem rate folgen/ Das man ja dem Eheteuffel Asmodeo/ nicht raum vnd stadt gebe/ das hertze mit leichtfertigem argwon/ gegen dem Ehegᵃ nossen/ zu fullen vnd einzunemen/ Also/ das der Mañ/ aus geringē vrsachen/ sein Weib verargwone/ als sey sie jhme nicht trew/ oder das weib den mañ in verdacht

Vnterricht / fur die / so in

fasse / als liebe er andere mehr / als sie /
Dann das ist die rechte kete / darmit der
Eheteuffel / der Eheleute hertzen pfleget
von einander zu trennen / in haß vñ feind
schafft zuerbittern / zwietracht vnd vnei-
nigkeit / ja offt mord vnd vnglück / vnter
jhnen zu stifften / Diesen Rhat gibt den
Eheleuten / Syrach am 9. Cap. sagend:
Eivere nicht vber dein fromes weib /
Dann solch hart auffsehen / bringet
nichts gutes. Vnd im 26. Das ist das
hertzeleid / Wañ ein Weib wider das
ander eiuert / vnd schendet sie bey je-
derman. Auch weisen es die Exempel
aus / was für vnglück der Teuffel / durch
solchen leichtfertigen argwohn / pfleget
anzurichten.

Exempel des schadens / aus sol-
chem argwohn.

Plutarchus schreibet / Das das
Weib Emylij / eines jungen A-
delichen Mannes / sehr eiuerig vñ
argwonig gewesen / also / das sie jhrem
Manne

Eheſtandt tretten wöllen.

Manne nicht vertrawet hat/ Drumb/ da er bey der Stadt/ Syphatis in Italia/ auff die Jagt geritten/ Iſt ſie jhme heimlich nachgezogen/ vnd hat ſich in einen dicken Dornbuſch verkrochen/ auff das ſie ſehen köndte/ Ob auch jhr Eheman ein ander Weibsbilde bey ſich hette/ Da nu die Jagethunde das holtz durchſtrichen/ kommen ſie vber diß Weib im buſche/ vnd zureiſſen ſie/ ehe man darzu kommen kan/ Wie Emylius das erferet/ wird er ſo beſtürtzet/ das er ſich ſelber erſticht. Das ſuchet der Schadenfro/ der Teuffel. Dieſe Hiſtori beſchreibet auch Rauiſius in officina.

Ouidius, lib. 7. Metamorph. erzelet/ Wie die Pocris/ das Weib Cephali/ auch ſo argwonig gegen jhrem Manne geweſen/ Vnd gemeinet habe/ Er bulete mit andern Weibern/ Drumb/ da er auff der Jaget geweſen/ iſt ſie jhm auch heimlich nachgezogen/ vnd inn eine Hecken gekrochen/ zu ſehen/ was jhr Mann für hette/ Da aber jhr Mann für vber reittet/

Vnterricht/ für die/ so in
reittet/ vnd sihet / das sich der busch sehr reget/ meinet er/ es sey ein Wild darinne verborgen/ scheusset hin/ vñ ertödtet sein Weib vnwissent.

D. Hiero. Weller erzelet eine schreckliche Histori zu Basel geschehen/ wie ein reicher Kauffman/ sein fromes Weib/ aus nichtigem argwon erstochen habe/ nur weil sie dem alten Hausknechte seine alte Hosenbendel zugeworffen hatte/ Da er aber nach begangenem morde/ durch sein gewissen/ des Weibes vnschuldt vnd seiner vbelthat vberzeuget/ schreibet er den ganzen handel auff eine zedel/ bindets an seinen arm/ gehet auffs haus/ stürzet sich herab/ vnd bringet sich auch vmb das leben.

Drumb sol man solchen argwon meiden/ fürsichtig vnd Gottfürchtig sein/ auff das man nicht vom Teuffel/ der ein schalck ist/ betrogen/ vnd in verderben gefüret werde.

Zum Dritten/ sollen sich Eheleute wol fürsehen/ das sie nicht allen Kleffern vnd bösen Meulern gleuben/ vnd stugs/ wie sie

Von

Ehestandt tretten wöllen.

von jhnen hören/für warheit halten/dann durch solche böse meuler stifftet offt der Teuffel vneinigkeit vnter den Eheleuten/ vnd bringet sie in jammer vnd nodt/ Wie dessen D. M. Luther vber das 5. Cap. Matthei eine schreckliche Histori erzdelt/ von zweyen Eheleuten/die lange zeit in guter einigkeit vnd friede gelebet hatten/also/ das jederman jhre liebe vnd guten vertracht rhümete/Wie nun der Teuffel/durch sich selber sie nicht konde vneinig machen / hetzet er an sie ein alte verlogene Wescherin/ die kam erst zum Weibe / blies jhr ein/ wie jhr Mann mit einer andern zuhielte/vnd were in willens/ sie zuermorden/auff das er die andere nemen könte/Erbitterte also des Weibes hertze gegen dem Manne/Gab jr auch ferner rhat/sie solte ein messer zu jhren heupten ins bette legen/ auff das/ wann sie der Mann tödten wolte / sie sich seiner gewalt desto besser auffhalten könte.

Da sie nu bey dem Weibe den argwon also erreget hatte/ gieng sie auch hin zum Manne/ stalte sich/ als trüge sie gros mitleiden

Vnterricht/ für die/ so in
mitleiden mit jhme/ Zeiget jhm auch an/
das Weib hielte mit einem andern zu/
vnd were fürhabens/ jhn im Schlaffe zu
ermorden/ Drumb solte er sich fürsehen/
Vnd darmit er gewiß were/ das sie jhm
keine Lügen gesaget hette/ Solte er des
nachtes/ wann sein Weib schlieffe/ vnter
jhr Küssen greiffen/ so würde er das Mes-
ser finden/ darmit sie den Mordt begehen
wolte/ Der Mann gleubets/ suchet das
Messer/ wie sein Weib eingeschlaffen ist/
Vnd wie ers findet/ ergrimmet er also/
das er dem Weibe/ im Schlaffe/ darmit
die Käle absticht.

Iohannes Gigas/ inn seiner Po-
still/ am tage Michaelis/ erzehlet auch/
Wie ein Edelman am Hartze/ durch ver-
liegung seiner vntrewen Magdt/ bewo-
gen/ sein frommes Eheweib zuerstechen/
vnter dem schein/ als hette sie mit dem
Knechte zugehalten/ die doch die Magdt
endtlich selber entschüldigt/ vnd bekandt/
Sie habe jhr solches/ aus feindschafft/
auffgedichtet/ sich an jhr/ einer gegebe-
nen Maul-

Ehestandt tretten wöllen.

nen Maulschelle halben / zu rechnen/ Drumb sehe man sich wol für / Gleube nicht zu leichtlich allen Kläffern vnd bösen Wäschern / Dann wie Syrach am 28. sagt: Ein böse Maul macht viel Leute vneinig vnd verwirret/ die guten friede haben. Ein böse Maul verstösset redliche Weiber / vnd beraubet sie alles/ das ihnen sawr worden ist. Wer ihm gehorchet/ der hat nimmer ruhe / vnd kan nirgendt mit frieden bleiben.

Von der Dritten Anfechtung.

Je Dritte Anfechtung/ Darmit der Teufel die Christliche Eheleut zu plagen pfleget / Betrifft die Seele vnd ewige Erhaltung / vnd geschiehet also: Das der Teuffel sie schrecket / mit ihren Sünden/ Vnd mit dem grewlichen Zorne / Gerichte vnd Straffe Gottts / vber

Unterricht/ für die/ so in
vnd wider dieselbe/ / die kan er jhnen im
hertzen/ so groß vnd grewlich machen/das
sie nicht anderst deucht/ denn als wölle sie
Gott gantz vnd gar verlassen/ vnd in ab=
grund der hellen stossen. Ey/ spricht er:
Wolleſtu dich zu Gott gutes verſehen/ der
du ein ſünder biſt/ deſſen dichten vñ trach
ten/ von jugent auff/ böſe iſt/ Weiſtu ni=
cht/ wie offt vnd hart du Gott erzürnet
haſt/ mit vnreinen gedancken/ böſen lüſte
vñ begirden/ mit vnnützen worten/ Gott=
loſem thun vnd wercken? Weiſtu nicht/
das Dauid ſagt im 21.Pſal. Der HErr
wird die böſen verſchlingen in ſeinem
zorn Fewr wird ſie freſſen. Vnd im
34. Das Antlitz des HErrn/ ſihet
auff die/ ſo böſes thun/ das er jhr ge=
dechtnis ausrotte von der erden.

Nu biſtu jha böſe/ das kanſtu nicht
leugnen/ Wie wiltu dich deñ zu Gott gu=
tes verſehen/ Wie ſol vnd kan dir Gott
gutes erzeigen/ den du ſo hart erzürnet/
vnd zur ſtraffe beweget haſt? Nein/
Nein/

Eheſtandt tretten wöllen.
Nein/Hoffe nur keiner Gnade/Hell vñ
Verdamniß iſt dein lohn.

Rhat vnd Troſt/wider dieſe Anfechtung.

HJerwider gibt nu Syrach
abermal einen guten Rhat/ vnd ei-
nen krefftigen Troſt.

Der Rhàt ſtehet darinn/ Das
man in dieſer Anfechtung gedencken/ ein
vnterſchied machen müſſe/zwiſchen buß-
fertigen vnd vnbußfertigen Sündern/
Dann das iſt war/Das Gott die Sün-
de haſſet/ vnd ernſtlich ſtraffet/ zeitlich
vnd ewiglich/ Aber an denen/ſo vnbuß-
fertig ſind vnd bleiben/ ſo Gott verach-
ten/ vnd ſicher inn Sünden fortfaren/
Sich nicht bekeren/noch beſſern wöllen/
Wie Syrach kurtz für dieſem Texte ſa-
get:

Die ohne Furcht Gottes faren/
die gefallen jhme nicht / vnd jhre

Vnterricht / für die / so in Frecheit wird sie stürtzen. Vnd Dauid im 5. Psalm: Du bist nicht ein Gott / dem Gottlosz leben gefellet / Wer böse ist / bleibet nicht für dir / Die Rhumrettigen bestehen nicht für deinen augen / Du bist feind allen Vbelthetern / Du bringest die Lügner vmb / Der HERR hat Grewel an den blutgirigen vnd falschen. Im 7. Psalm: Gott ist ein Rechter Richter / vnd ein Gott / der teglich drewet / Wil man sich nicht bekeren / So hat er sein Schwerdt gewetzet / vnd seinen Bogen gespannet / vnd zielet / Vnd hat drauff geleget tödtlich geschosz / Seine Pfeile hat er zugericht zu verderben.

Dieses Gerechten zornes vnd straffe Gottes / haben sich alle freche vnbuszfertige Sünder zuuersehen / Sollen auch billich darfür erschrecken / vnd sich fürchten / Dann kommen wird es / vnd nicht aussen bleiben / Wo sie durch ware Busse / in der zeit / nicht vorbeugen / darzu sie Gott

Gott ernstlich ermanet / im 95. Psalm /
Heute / weil jr seine Stimme höret /
so verstocket ewre Hertzen nicht.
Zun Ebreern am 3. spricht Paulus: Sehet
zu / das nicht jemandt vnter euch
ein arges vngleubiges Hertze habe /
das da abtrette von dem lebendigen
Gott / Sondern ermanet euch selber
alle tage / so lange es heute heisset
/ Das nicht jemandt vnter euch
verstockt werde / durch betrug der
Sünde / welchen hat Gott geschworen
/ das sie nicht sollen zu seiner ruhe
kommen / Dann den vngleubigen.

Der Trost stehet darinne /
Das Gott gnedig vnd günstig sey / allen
die jhn fürchten / Das ist / Die jhre verderbte
Natur vnd Sünde erkennen vnd
bekennen / lassen sie jhn leidt sein / trösten
sich Göttlicher Gnade / vnd Christi verdienstes /
Fahen an / durch wirckung des
heiligen Geistes / ein Newes Leben / bey
denen wil Gott / mit allen Gnaden / wohnen /
Wie Dauid sagt / im 147. Psalm:

D iij   Der

Unterricht/ für die/ so in
Der HErre hat gefallen/ an denen/
so jhn fürchten/ vnd auff seine Güte
warten. Esaias am 57. Gott wonet
bey denen/ die zerschlagenes/ demütiges Geistes seind/ das er sie erquicke/
Er wil nicht jmmer haddern/ noch
ewig zürnen. Dauid saget im 103. Psal.
Wie sich ein Vater erbarmet/ vber
sein Kind/ So erbarmet sich Gott
vber die/ so jhn fürchten/ So hoch
der Himmel ist vber der Erden/ So
hoch lest er seine Barmhertzigkeit
vber sie walten/ So weit der Morgen vom Abend ist/ So weit thut er
alle jhre Sünde von jhnen. Jm 130.
Bey diesem HErrn ist Gnade/ vnd
viel Erlösung/ Er wird Jsrael erlösen/ aus allen jhren Sünden.

Diese grosse Gnade vnd Barmhertzigkeit Gottes gegen den bußfertigen/ füret vns allhie Sprach zu gemüte/ tröstet vnd stercket vns damit wider vnsere Sünde/ vnd wider die furcht vñ zittern/ für Gottes Gerichte/ zorn vnd straffe/
Vnd

Und ermanet vns/das wir ja an Gottes Gnade nicht zweiffeln / viel weniger gar verzweifeln/ sondern vns derselben im glauben gewis annemen/frewen vnd trösten/Dann so lauten seine wort: Qui timetis Dominum, sperate bona illius,& veniet misericordia & consolatio eius super vos. Die jhr den HERRN fürchtet/hoffet des besten von jhm/ so wird euch gnad vnd trost allzeit widerfaren.

Da höret jhr klar/ das/wann gleich der Sünden halben/ der Teuffel/vnd vnser eigen Hertz/vns alle Gnade absagen/ vns nichts dann zorn vnd vngnade/ gerichte vnd straffe fürhalten / wir dennoch nicht verzagen / sondern vns im Glauben/ an Gottes Gnade/wider auffrichten/ vnd alles guten vnd aller gnade zu Gott versehen vnd vertrosten sollen/ der gewissen hoffnung/ vnd der vngezweiffelten zuuersicht/

D iiij. er werde

Er werde vns gnade vnd trost widerfaren lassen/ Dañ dieser Herr ist barmhertzig/ vergibt gerne die Sünde/ vnd hilffet aus der noth/ spricht Syrach/ am ende dieses Spruches.

So balde wir von hertzen/ vber vnsere Sünde erseufftzen/ vnd sie Gott/ im Glauben/ abbitten/ erhört er vns/ vnd spricht: Sey getrost/ mein Kind/ alle deine Sünde sind dir vergeben. Wie er selber verspricht: Jer. 33. Ich wil sie des Gebetes/ vmb friede vnd trew/ geweren/ Ich wil jhnen vergeben alle Missethat/ darmit sie wider mich gesündigt vnd vbertretten haben.

Sehr tröstlich ist es auch/ das Syrach hinbey setzet/ das wörtlein: Alle zeit/ Dann darmit begegnet er der anfechtung/ die der Teuffel inn vnsern hertzen pfleget zu erwecken/ mit den gedancken: Ja/ wann ich kaum ein oder zweymal gesündiget hette/ So möchte ich gleuben/ das mir Gott gnade erzeigen würde/ Nu hab ich aber (leider) sehr offt vnd viel gesün-

gesündigt / Derwegen sorge ich / Gott werde mir nicht jmmer auff hüpffen/ vnd so offte gnade erzeigen / als ich es begere/ etc.

Hierwider setzet Syrach das wörtlein Allezeit/ vnd spricht: Die jhr den HErrn fürchtet/ versehet euch alles guten zu jhm / so wird euch Gnade vnd Trost allezeit/Nicht ein oder zwey mal/drey oder vier mal/ Sondern/ Allezeit/ widerfaren. Dann wie Gott Ewig ist / So weret auch seine Barmhertzigkeit ewig / Seine Gnade vnd Warheit waltet vber vns in Ewigkeit/ sagt Dauid / im 117. Psalm. Die Güte des HErrn / ist alle Morgen New/ sagt Jeremias/ Tre. 3. Die Barmhertzigkeit des HErrn/ weret immer für vnd für / bey denen so jhn fürchten/ singet Maria/ Luc. 1.

Chrysostomus spricht: Am Leibe kan einer wol eine Wunde entpfahen/die nicht zu heilen ist / Aber an der Seele ist kein schade vnheilbar/

Wenn

wenn wir alleine gnade bitten vnd begeren. Deine Sünde hat wol ein gewisse maß/ Aber Gottes Gnade hat kein maß/ ist vnendtlich/ vnd vbertrifft weit alle Missethat. Wie ein fünklein Fewer im Meer bald ausgelesschet wird/ Also tilget Gottes Barmhertzigkeit alle vnsere Sünde.

Was man zum grunde vnd vergewisserung dieses glaubens vnd trostes betrachten sol.

Damit aber der Glaube/ an die gnade vnd barmhertzigkeit Gottes/ desto stercker werde/ vnd die gnedige vergebung der Sünden desto freudiger anneme/ derselben sich desto hertzlicher tröste/ wider allerley jrrige eingeben vnd anfechtung des Teuffels/ So sol man folgende gründe anschawen/ wol vnd tieff betrachten/ vnd Gott darbey vmb den heiligen Geist vnd sterckung des glaubens anruffen.

Zum Ersten.

Die

Ehestands tretten wöllen.

Die gnedige verheischung Gottes / darinne er allen büssfertigen Sündern gnade vnd vergebung zusaget / als hie in Syrachs Spruche: Es wird euch gnade vnd trost allezeit widerfaren. Esa. am j. Bekeret euch zu mir / so wil ich euch zu gnaden annemen / Wann ewere sünde so roth were als blut / sol sie schne weis werden. Jeremie am 3. Keie wider du abtrünnigs Jsrael / spricht der HERR / so wil ich mein antlitz gegen euch nicht verstellen / denn ich bin barmhertzig / vnd wil nicht ewig zürnen / Allein erkenne deine Missethat / das du wider den HErrn deinen Gott gesündiget hast. Jer. 33. Ich wil jhn vergeben alle Missethat / damit sie wider mich gesündiget vn vbertreten haben / vnd das sol mir ein frölicher name sein vnter allē Heiden / wenn sie hören alle das gute das ich jnen thue vn werden sich entsetzen vnd verwundern vber alle dem gute /

Vnterricht/ für die/ so in gute/ vnd vber alle dem friede/ den ich jhn geben wil. S. Johannes spricht/ 1.Joh.1. So wir vnser Sünde bekennen/ so ist Gott so getrew/ das er sie vns vergibt/ vnd reiniget vns von aller vntugent.

Zum Andern.

Den thewren Eydt Gottes/ darmit er diese gethane Verheischunge vergewissert hat/ Als: Esaiæ am 54. Ich habe geschworen/ das ich nicht mit dir zürnen / noch dich schelten wölle/ Es sollen Berge weichen/ vnd Hügel hinfallen/ Aber meine Gnade sol nicht von dir weichen. Ezechiel am 33. So war als ich lebe/ ich wil nicht den todt des Sünders/ sondern das er sich bekere/ vnd ewig mit mir lebe.

Diese Verheischung/ Schwur vnd Eydt Gottes/ O lieber Christ/ fasse mit festem Glauben / Halt sie dem Teuffel für/

Ehestandt tretten wöllen.

fůr/ Trotz drauff/ vnd sprich: Hörestu
das/ du verfluchter Geist / Wann mich
GOtt / wie du fürgibst/ wolte ewig ver=
stossen / vnd verlassen / meiner Sünde
halben/ so hiesse er mich nicht busse thun/
Verspreche mir nicht seine Gnade/ Ver
sicherte mich derselben nicht/ durch einen
Eydt/ Weil er aber das thut/ Ey/ war=
umb solt vnd wolt ich dann verzagen/ vñ
mich nicht viel mehr aller Gnade vnd
Trostes zu jhm versehen? Wie mich hie
Syrach ermanet/ sagende: Versehet
euch des besten zu Gott / So wird
euch Gnade vnd Trost allezeit wi=
derfaren/ Dann vnser Gott ist gne=
dig vnd barmhertzig / Vergibt die
Sünde/ Vnd hilffet aus aller noth/
Dei Misericordia & iuramentum, est
salutis meæ fundamentum. Gottes
Eyd vnd Barmhertzigkeit/ Ist ein grund
meiner Säligkeit Also thut der heilige
Bernhardus/ vnd spricht: Drey ding be=
denck ich fleissig/ darin all mein Trost
stehet.

1. Die

Vnterrichte / für die / so tr-

1. Die grosse Liebe / in welcher mich Gott zu seinem Kinde angenommen.

Zum 2. Die Warheit seiner zu= sage.

Zum dritten / Die gewalt / die er hat zu geben vnd zu thun was jhm gefel= let. Darumb mag mein fleisch zagen / zweiffeln vnd sagen / Wie wil ich armer Sünder zu solcher gnade kommen? Dar= auff geb ich künlich diese antwort / Ich weis an wen ich gleube / vnd bin meiner sache gewis / denn er hat mich in seiner grossen Liebe zu einem Kinde angenom= men / der da warhafftig ist in seinen zu= sagungen / der da mechtig ist zu thun was er wil. Das ist der dreyfache strick / der nicht zureissen kan / den vns Gott vom Himel herab / in diese Welt gelassen hat / das wir vns feste daran sollen halten / das er vns darane hinauff zu jhm zie= he.

Zum Dritten.

Die

Die größe der Barmhertzigkeit Gottes/die da weit vbertrifft alle vnsere Sünde/ Wie Dauid saget im 103. Psalm: So hoch der Himel vber der Erden ist/ so hoch lest er seine Barmhertzigkeit walten vber die/ so jhn fürchten. S. Paulus zun Römern am 5. spricht: Wo die Sünde bey vns mechtig worden ist/ da ist Gottes Gnade viel mechtiger. Ob bey vns ist der Sünden viel/ bey Gott ist viel mehr Gnade/ singen wir aus dem 130. Psalm. Vnd Sauanorola saget: Abyssus misericordiæ diuinæ absorbat Abyssum peccatorum nostrorum. Die vnergrüntliche tieffe der Barmhertzigkeit verschlinget die menge vnser Sünde. Cyrillus in 14. cap. Iohan. gibt hieuon ein schön Gleichnis/ wie das Oel auff allen andern dingen schwimmet/ also vbertrifft Gottes Barmhertzigkeit alle seine werck/ vnd lest sich herrlich sehen gegen den Menschen.

Gottes

Unterricht / für die / so da
Gottes Barmhertzigkeit gehet weit vber
sein Gerichte / Vnd seine Gnade vber=
trifft alle seine werck / Wie das Oel lin=
dert alle schmertzen / vnd heilet die Wun=
den / Also heilet Gottes Barmhertzigkeit
den schaden der Seelen / vnd vertreibet
alle Sünde.

Zum Vierden.

Das Verdienst des HErrn
Jhesu Christi / welchs eine völli=
ge bezahlung ist / für der gantzen
Welt Sünde. Johan: 1. Er ist das
Lamb Gottes / das der Welt Sünde
treget. 1. Joh. 2. Er ist die Versüh=
nung für vnser Sünde / Nicht allein
für vnsre / Sondern für der gantzen
welt sünde. Esa. 53. Gott warff vn=
ser aller Sünde auff jhn / das wir
durch jhn friede bekemen / Durch
seine Wunden sind wir heil gewor=
den. Ebre. 9. Er ist durch sein Blut
in das heilige eingegangen / vnd hat
eine ewige Erlösung erworben.

Diese

Eheſtandt tretten wöllen.

Dieſe Erlöſung Jheſu Chriſti / ergreiff mit ſtarckem Glauben. Schleuß dich darein/ vnd tröſte dich derſelben/ vñ ſprich mit freudigem hertzen/ Bin ich ein verdampter ſünder/ ſo iſt Chriſtus mein Heilande vnd erlöſer/der mich von ſünden ſelig machet/ wie mich der Engel Gabriel vorſichert/ Matth. j. Er heiſt drumb Jheſus/ das er ſein Volck von ſünden ſelig mache. Vnd S. Paulus j. Tim. j. Das iſt gewiſslich war/vnd ein tewres werdes wort/ das Jheſus Chriſtus in die Welt komen iſt/ die Sünder ſelig zu machen. S. Peter Act. jo. Von dieſem Jheſu zeugen alle Propheten/ das in ſeinem Namen vergebung der ſünden erlangen/ alle die an jhn gleuben.

Zum Fünfften.

Die Exempel der groſſen Sünder vñd Sünderin/ die Got für vns zu gnaden angenommen hat/ als Adx vnd Euen/ Gen. 3. Abraha

Vnterricht/ fur die/ so in
Gen. 12 Loths/ Gen. 19. Petri/ der Christum verleugnete/ Matth. 26. Paulum/
der die Gemein Gottes verfolgete/ Act. 9.
Mattheum den Zöllner/ Matth 9 Mariam Magdalenam/ die öffentliche Sünderin/ Luc. 7. Zacheum/ Luc. 19.

Wann du diese Exempel ansihest/ so
geben sie dir Lere vnd Trost. Die Lere ist/
das du nach dieser Leute exempel dich zu
Gott bekeren/ vnd jhn vmb gnade vnd
vergebung hertzlich anruffen solt / Esa. 1.
Jer. 3 Joel. 2.

Der Trost ist/ das auch Gott dir seine
gnade nicht versagen/ sondern gewis wolle
widerfaren lassen/ wann du im glauben
dich des besten/ das ist/ der vergebung der
sünden / als des besten höchsten schatzes/ zu
jhm versihest.

Auff solchen gebrauch der Exempel
weiset vns hie Syrach/ da er saget. Sehet
da die Exempel der Alten/ vnd mercket sie/ Wer ist jemals zu schanden
worden/ der auff jhn gehoffet hat?
Wer ist jemals verlassen/ der in der
furcht

furcht Gottes geblieben ist/ oder wer ist jemals von jhm verschmehet/der jn angeruffen hat/Dann dieser HERR ist gnedig vnd barmhertzig/ vergibt die sünde/vnd hilfft in der nodt.

Zum Sechsten.

Die hochwirdige Sacrament/ darinne vns Gott seine gnade vnd vergebung der Sünden fürtreget/ vnd einem jeden für seine person zueignet vnd bekrefftiget/ Dann damit niemand an Gottes gnade zu zweiffeln vrsach habe/ lest er ein jeden für seine person teuffen im namen des Vaters/ Sons vnd heiligen Geistes/ zur vergebuug der Sünden vnd seligkeit Act. 2. Thut busse vnd last euch teuffen im namen Jhesu Christi zur vergebung der sünden. Marci am 16. Wer da gleubet vnd getaufft wird/ der wird selig. Tit. 3. Gott macht vns selig/ durch das badt der widergeburt vnd ernewerung des heiligen
E ij Geistes.

Vnterricht / für die / so in
Geistes. Item / darmit ein jeder desto fester glaube / Gott sey jhm vmb Christi willen gnedig / so speiset er ein jeden im Abendmal vnter dem gesegneten Brod vñ Wein / mit seines Sones warem gegenwertigem Leibe vnd Blute / vnd vberreichet jhm zugleich darmit den schatz / durch Christi todt vnd Blut erworben / nemlich / gnade Gottes / vergebung der sünden / gerechtigkeit vnd seligkeit laut Christi klarer vnd warer wort / Nemet / esset das ist mein Leib / für euch gegeben / Nemet / trincket / das ist mein Blut / für euch vergossen / zur vergebung der Sünden. Chrysostomus spricht. Dieser Tisch ist die krafft vnd stercke vnser Seelen / eine versicherung des glaubens / vnser einiger trost / hoffnung / liecht vñ leben. Wann wir mit wirdiger entpfahung dieses Sacramentes von hinnen scheiden / so können wir mit grossem vertrawen hinauff gegen Himel komen / als die herrlich vñ mit güldenen kleidern geschmücket vnd angezogen sind / Vrsach ist diese /

w ij

wie Cyrillus meldet / Wer da wirdig entpfehet den Leib vnd Blut Jhesu Christi / der wird jhm also eingeleibet / das Christus in jhm / vnd er in Christo ist vnd wonet.

Von der Vierden Anfechtung.

Vm Vierden / pfleget auch der Teuffel Christlichen Eheleuten hart zuzusetzen/ vnter dem Creutze. Dann so bald er vernimmet/ das Gott jhnen aus gutem rhate, vñ zu jhrem mercklichem nutze vnd besten / creutz vnd widerwertigkeit zuschicket / als das dem Manne das Weib/ oder dem Weibe der Mann kranck wird / den Eltern die Kinder kranck werden/ vnd lange seucheln, bald obsterben/ oder doch vbel geraten / das Vlehe stirbt dahin/ die narung gehet zurück armut vnd mangel findet sich an allen orten. Da kömet als dann der Teuffel bald geschlichen/

Unterricht für die/ so in
chen/ bleſer böſe funcken zu/ ſichtet: Ihren
glauben an/ vnd gibt die gedancken ein/ als
were ſolch vnglück vnd vngedeyen ein ge=
wiſſes zeichen/ das Gott mit jhnen zürne/
vnd ſie gar verlaſſen wolle.

O da weis er die gedancken fein einzu=
ſchieben vnd zu ſcherffen/ Sihe/ wann dir
Gott günſtig vnd gnedig were/ wie du
bisher gegleubet haſt? ſo lieſſe er dir es ja
nicht ſo ermiglich vnd elende gehen/ er vber=
lüde dich ja nicht mit ſo vielem groſſem vn=
glück/ Solte dir Gott das ewige hi=liſche
gut geben/ der dir das zeitliche nicht gön=
net vnd liſſet? Solte dir Gott an der See=
len helffen wollen/ weil er dich am Leibe
alſo martert vnd plaget? Dieſe gedancken
treibt er ſo gewaltig ins hertze/ vnd ſcherf=
fet ſie darinne alſo/ das er manchem dar=
mit allen glauben aus dem hertzen reiſſet/
vnd ſtrackes fuſſes zur vertzweiffelung
füret.

Rhat vnd Troſt wider dieſe
Anfechtung.

Dar=

Ehestande tretten wöllen.

DArwider rüstet vnd tröstet alhie Sirach/die Christliche Eheleut/ vñ spricht/ Sie sollē jr creutz/ vnfall vnd vnarteyen nicht ansehen / als ein zeichen Göttliches zornes vnd vngnade/ wie es jhnen der Teuffel fürbildet vnd jhre vernunfft dauon vrteilet / Sondern als ein zeichen Göttlicher hulde/ trew vnd liebe / Dann wen der Herr lieb hat/ den züchtiget er. Sollen auch dafür nicht erschrecken/ drumb nicht kleinmütig vnd zaghafftig werden / das Gott sie etwas hart angreiffet / dann er thut es nicht zu jhrem verderben/ sondern zu jhrer erhaltung/ Je grösser jhre noht vnd trawrigkeit sey/ Je herrlicher hülffe vnd grösser trost werde darauff erfolgen / wann sie nur im glauben gedult vnd hoffnung ausharren/ dann also spricht Syrach. Ihr/ die jhr den HErren fürchtet / harret seiner gnade/ so wird euch trost widerfaren/ weichet ja nicht / auff das jhr nicht zu grunde gehet.

E iiij   Drey-

Vnterricht/für die/so in
Dreyfacher Trost vnter dem Hauscreutz.

JN diesen worten setzet Syrach ein dreyfachen Trost wider die schwere des Hausecreutzes.

Zum Ersten/ Das es nicht ein zeichen sey des zornes Gottes/ sondern viel mehr eine anzeigung seiner gnade/ gunst vnd liebe gegen vns/ Wie die heilige Schrifft klerlich anzeiget/ als Prou. 3. Mein Kind/ sey nicht vngedüldig vber des HErren züchtigung vnd straffe/ Dann welchen der HERR lieb hat/ den züchtiget er/ vnd hat wolgefallen an jhm/ wie ein Vater an seinem Sone. In der Offenbarung Johan. am 3. spricht Gott selber: Quos amo, arguo. Die ich lieb habe/ die straffe ich auch.

Im Buch Tobiæ am 12. spricht der Engel Raphael zu Tobia: Weil du Gott lieb warest/ so muste es so sein/ ohne anfechtung mustest du nicht bleiben/ auff das du beweret würdest.

Ehestandt tretten wöllen.

best. Sihe an das Exempel des Herren Jhesu Christi, der war je Gottes allerliebster Son/ vnd dennoch stackete er jhn vnter viel vnd grosses Creutz/ die zeit seines gantzen lebens/ bis in den Todt. Im Buch Judith am 8. erzelet die Judith das Exempel der heiligen Veter/ vnd tröstet jhr Volck damit/ sagende: Bedencket/ das vnsere Veter auch versucht sind/ das sie bewert würden/ ob sie Gott von hertzen dieneten/ Erinnert euch/ wie vnser Vater Abraham mancherley versucht ist/ vnd ist Gottes freundt worden/ nach dem er durch mancherley anfechtung beweret ist/ Also sind auch Isaac/ Jacob/ Moses vnd alle die Gott lieb gewesen sind/ bestendig geblieben/ vnd haben viel trübsal vberwinden müssen.

Das sol man bedencken/ vnd sich darneben erinnern/ das es auch kein zeichen vnsers verderbens sey/ wann Gott vns angreiffet/ sondern viel mehr ein zeichen vnsers nutzes vnd ewigen erhaltung. Ebre 12.

E v Gott

Unterricht/ für die/ so in
Gott züchtiget vns/ das wir seine heiligung erlangen. 1. Cor. 11. Wann wir vns selber richteten/ so würden wir vom HErren nicht gerichtet/ wann wir aber gerichtet werden/ so werden wir von jm gezüchtiget/ das wir nicht mit der Gottlosen Welt verdammet werden. Gregorius sagt: Hic Deus nos flagellat, vt in altera vita misericordem se præbeat. Darumb straffet vns hie Gott/ das er vns dort gnade beweise. Daher singen wir auch: Wann es gienge nach des fleisches mut/ in gunst/ gesundheit vnd grossem gut/ so würden wir gar bald erkalten/ darumb schicket Gott die trübsal her/ das vnser fleisch gezüchtigt werd/ zum ewigen leben erhalten.

Drumb was wir leiden/ das sollen wir als eine Artzeney halten/ vnd nicht als eine straffe/ als eine veterliche züchtigung/ vnd nicht als ein verdamnis/ Wer nicht wil von der Erbschafft abgesondert werden/
des

Ehestande tretten wöllen. 38

der leide die Ruthe vnd straff/ stosse sie nicht von sich/ Sehe nicht auff die Ruthe/ sondern auff das Testament der erbschafft/ saget Augustinus vber den 93. Psalm.

Zum Andern/ Das es nicht immer vnd ewig were sondern kurtz vnd vergenglich sey/ vnd auff die noth/ entlich hülffe/ auff die angest vnd leid/ trost vnd freude folgen werde/ Wie Syrach hie saget: Warret der gnade des HErrn/ so wird euch trost widerfaren/ dann Gott ist barmhertzig/ vergibet die Sünde/ vnd hilffet aus der noot. Esaias am 27. spricht: Gott richtet die Christen mit massen/ vnd lest sie wider los/ wann er sie betrübet mit seinem rauchen Winde. Jeremias in seinen Klagliedern am 3. spricht: Der HERR verstösset nicht ewiglich/ Er betrübet wol/ aber er erbarmet sich wider/ nach seiner grossen güte/ Dann er plaget die Menschen nicht von hertzen. Dauid saget im 7. Du HERRE lessest mich erfaren viel
vnd

Vnterricht, für die, so in

vnd grosse angest, vnd machest mich
wider lebendig, Du holest mich aus
der tieffe der Erden herauff. Im 30.
Psalm: Gottes zorn weret ein augen-
blick, vnd er hat lust zum leben. Den
abend weret das weinen, des mor-
gens die freude. Tobi.c am 3. spricht
Sara: Das weis ich, wer dem HEr-
ren dienet, der wird nach der anfech-
tung getröstet, vnd aus der trübsal
erlöset, vnd nach der züchtigung
findet er gnade, dann Gott hat nicht
lust an vnserm verderben. Nach dem
vngewitter lest er die Sonne wider
scheinen, vnd nach dem heulen vnd
weinen, vberschüttet er vns mit
freuden.

Exempel.

Das weisen auch die Exempel aus,
die vns Syrach hie zu betrachten fürstellt,
sagende: Sehet an die Exempel der
Alten, Wer ist jemals verlassen, der
in der furcht Gottes geblieben ist,
oder

Ehestandt tretten wöllen.

oder wer ist jemals von jhm verschmehet der jhn angeruffen hat?

Wie herrlich ward Abraham getröstet/ vber der schlachtung seines Sons Jsaac/ da jhm der Engel ins schwert fiel/ vnd jhm einen Widder zeigete zum Opffer/ Gen. 22. Wie hertzlich ward Jacob erfrewet vber der verlust seines Sones Josephs/ da er jhn wider sahe in Egypten/ in Fürstlicher ehre vnd reichthumb/ Gen. 46.

Ward nicht Joseph/ seines leides/ in der langwirigen Gefengnis/ reichlich ergetzet/ da er daraus zu Fürstlicher ehre gezogen ward/ Gen. 41. Also der alte Tobias/ ward hertzlich erfrewet/ da er nach der dreyjherigen blindheit wider sehend ward/ vnd sahe/ wie eine schöne vnd reiche jungfraw/ seinem Sone/ durch den Engel Raphael/ erfreiet war/ Tob. 11. 12. Dahin weiset vns hie Syrach/ in dem er saget: Harret des HErren gnade/ so wird euch trost widerfaren. Als wolt er sagen/ Bleibet Gott gleich mit der hülffe
vnd

Vnterricht/ für die/ so in
vnd troſt ein wenig auſſen/ Dünckt dichs
gleich lang ſein/ das ſchadet nicht/ Harre
du nur im glauben vnd gedult aus/ ſo wirſt
du ſehen/ das ſich der troſt vnd hülffe zu
letzt wird finden/ reichlicher/ als du hetteſt
wünſchen vnd begeren können/ Wie auch
der Prophet Abacuc am 2. ſaget: Wann
der HErre verzeucht/ ſo harre du
ſeiner/ er wird gewis kommen/ vnd
nicht auſſen bleiben.

Zum Dritten/ Tröſtet hierin auch
Syrach alſo/ das wann vns gleich das
creutz ſo ſchwer vnd gros düncket ſein/ als
were es vnmüglich abzuwenden/ ſo ſollen
wir dennoch nicht verzagen/ als were es
nun aus/ als müſten wir nun verderben/
Dann der rechte Nothelffer ſey noch für
handen/ deſſen hülffe da erſt angehet/ vnd
ſich ſehen leſt/ wann aller Menſchen vnd
Creaturen hülffe aus iſt. Was bey vns vn-
müglich ſcheinet/ das iſt jhm nicht allein
müglich/ ſondern auch gar leichte. Der
HERRE hilffet aus der noch/
ſpricht hie Syrach. Vnd Dauid ſagt
im 68.

Im 68. Psalm: Der HERR legt vns eine last auff/ vnd hilffet vns auch/ Wir haben einen Gott/ der helffen kan/ vnd einen HErrn/ der aus dem Tode erretten kan/ Die rechte des HErrn kan alles enden/ Seine hand zu helffen hat kein ziel/ wie gros auch ist der schade/ So halff er seinem Volcke durch das rote Meer/ vnd ersäuffte jren Feind für jhren augen/ Exod. 14.

So halff er Danieli vnter den Lewen/ den dreyen Menner aus dem Fewerofen/ dem Jona aus dem bauche des Walfisches/ vnd aus dem tieffen Meer/ seinem Sone aus der Helle/ Grabe vnd Tode/ Psalm. 16. Drumb lernet diese allmechtige hülffe Gottes betrachten/ vnd verzaget nicht bald/ wann es euch vbel gehet/ vnd alle ding sich arg anlassen/ sondern seid freudig vnd gedüldig/ sprecht mit David/ Ich wil das leiden/ vnd meinen mund nicht auffthun/ die rechte hand des HErren kan alles endern/ Was betrübstu dich meine

Vnterricht/ für die/ so tc
meine Seele / vnd bist so vnruhig in mir/
harre auff Gott/ dann ich werde jhm noch
dancken / das er meines angesichtes hülffe
vnd mein Gott ist.

Dann das ist einmal gewis/das Gott
den gläubigen nie näher ist / mit gnade/
stercke/ hülffe vnd troste/ dann in der noth/
Psalm. 34. Der HERR ist nahe
denen / die zerbrochnes hertzen sind/
vnd hilffet denen die ein zerschlagen
gemüt haben/ Wann die gerechten
schreyen/ so erhöret der HERR/
vnd hilffet jhnen aus aller noot Da
ich den HErrn suchte / antwort er
mir/ vnd errettet mich aus aller meiner furcht.

Von der Fünfften Anfechtung.

Jm Fünfften/ helt der Teufsel die junge Leute vom Ehestande
abe / durch einbildung der grossen
sorge/ mühe vnd vnruhe/ die sich darinn
begibt

begibt vnd zutregt/ scheust jhn die gedancken ein/ Ey was wolstu machen/ wolstu dich selber vmb deine freyheit/ vmb deine gute tage vnd guten mut bringen/ nimpst du ein Weib/so bistu gefangen/so hat deine freude ein ende/ so hebet sich deine vnruhe vnd mühe/sorge vn arbeit an/ Nimmestu einen Mann/ so mustu jhm vnterworffen vnd gehorsam sein/ viel von jhm leiden/mit Kindergeberen vnd Haushalten grossen schmertzen vnd vnruhe ausstehen/etc.

Dieser Anfechtung setzet Plutarchus ein Exempel/ in vita Solonis, von dem weisen Manne Thalete/ der auch aus dieser vrsach den Ehestandt geflohen hat/ Dann als Solon gen Milet zum Thalete kam/ verwundert er sich/ das Thales kein Weib hatte/ fragete jhn/ Warumb er nicht ehelich würde/ Aber Thales schweig drauff stille/ vnd stifftete heimlich einen an/ das er sich für einen Wandersman ausgeben solte/ vnd sagen: Er keme von Athen/ da sonsten

F Solon

Unterricht / für die / so in
Solon wonete / unterwiß jhn auch sein /
was er jhn fragen wolte / vnd er drauff
antworten solte. Da nun der angestiffte
Wandersmann / in Thaletis haus kam /
vnd gefraget ward / Von wannen er ke=
me / Antwortet er: Von Athen / Wie er
weiter fraget / Was er da newes gehört
hette / Antwortet er / Wie er angestifftet
war / Man hette allda einen Jüngling zu
grabe getragen / vmb welchen die gantze
Stadt sehr getrauret hette / vnd man het=
te gesagt: Es were des frömesten vnd ge=
lertesten Mannes Son / vnd sein Vater
were nicht einheimisch / Bald drauff er=
schrickt Solon / vnd denckt / es werde sein
Son sein / fraget mit fleis / ob er den na=
men des Mannes nicht behalten hette /
Der Bote saget / Nein / es sey jhm ausge=
fallen / doch wann er jhn nennen hörte /
wolt er sich bald drauff besinnen / Solon
fraget weiter / Hieß er nicht Solon / Ja
sagt der Bote / so hies er / Da hebet Solon
an zu heulen vñ weinen / reufft sein haer /
schleget sein heupt / vnd stelt sich gar be=
trübt

Ehestande tretten wollen.

trübt vnd jemmerlich. In deme sehet Thales an zu lachen / vnd spricht / Da sihestu die vrsach / warumb ich nicht ehelich worden bin / Denn eben diese dinge halten mich ab/ein Weib zu nemen/die dich weisen vnd sonst tapfferen Mann also bewegen/kleinmütig vnd bekümmert machen.

Oder da der Teuffel sie gleich anfenglich nicht mit diesen gedancken ansichtet / sondern sie mit allen frewden drein tretten lesset / Wie dann mancher junger Gesell vnd Jungfraw meinet/das fröliche leben / mit pfeiffen vnd tantzen/ werde immer also weren/ sie werden immer vollauff haben/vnd in freuden leben/ wie auff ihren Breuttag / Ja der gantze Himel hange voller Lauten vnd Geigen/ Trummeln vnd Pfeiffen/etc. So kömpt er doch hernach balde geschlichen/Wann sich nu die sorge / mühe vnd arbeit anfehet/ das der Mann im schweis des angesichtes die Nahrung suchen / Das Weib mit schmertzen Kinder tragen/geberen/

F ij warten

Unterricht/ für die/ so in
warten vnd erziehen muß/ Da macht er
auch/ was man thun sol/ schwer vnd ver-
drießlich/ reitzet zur vngedult vnd mur-
ren/ verleidet dem Manne das Weib/
dem Weibe den Mann/ das eines dem
andern gram vnd feind wird/ das man
offt höret die wort/ Ey hat mich dieser
vnd der zu dir geführet/etc. Daher kömpt
es/ das mancher vom Weibe leufft/ vnd
ein Bube wird/ das Weib vom Manne
leufft/vnd eine Bübin wird/ ꝛc.

Rhat vnd Trost wider diese Anfechtung.

Her wider rüstet vnd tröstet
du abermal Sirach/die/so in Ehe-
standt tretten wollen/oder allbereit
darinne leben/vnd spricht: Die jhr den
HErrn fürchtet, harret seiner Gna-
de/ vnd weichet nicht/ auff das jhr
nicht zu grunde gehet. Das ist/ Jhr
must euch das nicht jrren lassen/ das es
euch in ewrem stande blut sawer wird/
must drumb nicht bald zu rücke prallen/
gruntzen

Ehestandt tretten wöllen.

gruntzen vnd murren / vnd vngedültig
werden / darumb / das euch mancherley
sorge vnd mühe zu handen stöst / Ihr
müst auch nicht bald / vmb geringer feil
vnd mengel willen / die eines am andern
sihet / einander gram vnd feind werden /
euch teglich reuffen vnd schlagen / oder
gar von einander lauffen / O nein lieben
Christen / damit richtet jr nichts anders aus / dann das jr euch ewer leben
selber blutsawer machet / Gott mit seiner
gegenwart vnd segen von euch weg treibet / den Teuffel erfrewet vnd zu hauß
ladet / vnd euch selber in verderben Leibes
vnd Seelen / ehren vnd gutes bringet /
Wie hie Syrach saget / Wo jhr aus
ewerem beruffe vnd eintracht weichet / so
werdet jhr zu grunde gehen. Vnd die
gleubige Judith saget am 10. Capittel /
Die / so die mühe vnd trübsal nicht
han wöllen annemen in Gottes
furcht / sondern mit vngedult wider
Gott gemurret vnd gelestert han /
sind von dem Verderber vmbgebracht.

Sondern haltet euch fein/ in hertz-
licher liebe vnd trewe / zusammen / eines
vertrage dem andern seine feile vnd
schwachheit/ Der Man sey blind/ Das
Weib sey stumm/ Das ist/ Der Man
mus nicht zu genaw auff alle mengel des
Weibes sehen/ sondern was geringe feil/
vnd was nicht wider Gott vnd ehre ist/
vbersehen/ vnd jhr zu gute halten/ sie in
freundtligkeit eines bessern vnterrichten/
Das Weib mus auch nicht auff alle wort
antwort geben/ nicht hündischer weise wi-
derbellen/ nicht das Schwert im maule
füren/ sondern etwas für ohren gehen
lassen/ stillschweigen / oder fein freundt-
lich antworten/ Dann eine linde Ant-
wort / bricht den zorn/ saget Salomon/.
Ein gut wort findet eine gute stadt/ saget
das Sprichwort.

Darnach müsset jhr in ewrem be-
ruffe beysammen verharren/ Ein jeder
gerne vnd fleissig thun/ was jhm/ ampts
halben/ zustehet/ keine mühe vnd arbeit/
vnruhe vnd vnlust sich verdriessen lassen/
Gott

Ehestandt tretten wöllen.

Gott vmb segen vnd gedeyen / hülffe vnd beystandt fleissig anruffen / vnd dessen in aller gedult vnd freudigkeit erwarten / So wird sich Gott mit segen vnd glück / hülffe vnd troste / zu rechter zeit finden / Wie hie Syrach saget: Die jhr den HErren fürchtet / harret seiner Gnade / vnd weichet nicht / auff das jhr nicht zu grunde gehet / so wird alle zeit euch gnad vnd trost widerfaren.

Grundt vnd gewißheit dises Trostes.

VNd damit jhr / in der vielseltigen mühe vnd arbeit / kummer vnd hertzeleidt / so euch vberfallen köndte / nach Gottes willen / ja desto getröster vnd freudiger sein möget / solt jhr auff folgende gründe sein sehen vnd acht haben / auff das darmit der heilige Geist euch im Glauben stercke / im Hertzen erfrewe vnd tröste / in der Geduldt vnd beharligkeit befestige.

F iiij   Erstlich /

Vnterricht/ für die/ so in

Erstlich/ Das jr in einem heiligen Göttlichen Stande seid/ darinne jhr mit Gott vnd ehren/ vnd mit gutem frölichen Gewissen beysammen sein vnd leben köndt/ Sünde zuuermeiden/ vnd ewer Geschlecht zuerhalten vnd vermehren/ ja darinne jhr Gott gefallet/ seines Segens vnd der Seligkeit teilhafftig werden könnet/ Wie Salomon saget/ Prou. 8. Wer einen Ehegatten findet/ der findet was gutes/ vnd kan guter dinge sein im HERRN. Das ist/ saget Lutherus am rande/ wann es gleich zu weilen gar vngleich zugehet/ so weis er doch/ das sein Ehestandt Gott gefellig ist/ als sein geschepffe vnd ordnung/ vnd was er drinne thut/ vnd leidet/ Das heist für Gott wolgethan vnd gelitten. Paulus setzet gar einen güldenen Spruch zum trost der Weiber/ 1. Tim. 2. Das Weib wird selig/ durch Kindergeberen/ wann sie bleibet im Glauben/ in der Liebe, Heiligung sampt der Zucht.

Vnd

Ehestandt tretten wöllen.

Vnd eben aus dem Creutz/ Mühe vnd Arbeit dieses standes/ spüret man/ das er Gottes gestifft vnd angeneme ordnung sey. Dann also gehen alle Gottes werck/ das sie dem alten Adam sawr vnd bitter/ verdrießlich vnd schwer duncken/ Das lest Gott also geschehen/ den Eheleuten zum besten/ auff das sie nicht im müsigangs vnd stetem glück/ gar zu tieff in des fleisches lust versincken/ in böse gedancken/ wort vnd wercke fallen. Dann gleich wie das vngesaltzene Fleisch bald faul vnd vntüchtig wird/ Also vnser Adam/ wann er jmmer ruhe vnd friede hat/ wird bald geil vnd mutwillig/ vnd geredt in allerley Sünde. Daher saget D. M. Luther im 3. Capitel Genes. Wannes so gehet imEhelichen stande/ das arbeit/ sorge vnd kummer herein fält/ So tröste dich des/ vnd dencke also/ das es sein mus/ das es Gott also eingesetzet hat/ vnd haben wil/ das du Ehelich sein solt/ Drumm denck nur/ Ich wil meinen Leib

F v hinan

Vnterricht/ für die/ so tre-
hinan setzen/ die mühe auff mich le-
den/ vnd in Gottes namen mich wil-
lig vnd frölich hinein begeben.

Zum Andern/ Das Gott in die-
sem Stande/ als seiner eignen ordnung/
bey euch sein vnd wonen/euch segnen vnd
erneren/ schützen vnd für allem vbel be-
waren wolle/ oder doch daraus erretten/
Wie Syrach hie saget: Warret des
HErrn/so wird euch gnad vnd trost
widerfaren. Paulus zun Ebr. am 13.
Der HERR hat gesaget/Ich wil
dich nicht verlassen noch verseumen.
Dauid im 55. Psalm/ Wirff dein anli-
gen auff Gott den HErrn/ der wird
dich wol versorgen/vnd den Gerech-
ten nicht immer in vnruhe lassen.

Zum Dritten/ Das Gott euch
selber zusammen gebracht/vnd durch sein
Wort vnd Geist verbunden hat/ Wie
Christus saget/Matth. am 19. Was
Gott zusammen gefüget hat/das
sol der Mensch nicht scheiden. Vnd
Salomon spricht/Prou. 19. Haus vnd
hoff

Doff das erben die Kinder von jren Eltern/ aber ein fromes Ehegemahl kömpt von Gott dem HErrn her. Diese betrachtung dienet darzu / das der Mann sein Weib erkennen vñ halten sol/ als einen thewren Schatz vnd trewe Gehülffin/von Gott jhm selber vberantwortet vnd gegeben/sie lieben/ehren vnd nehren/vnd mit vernunfft vnd freundtligkeit bey jhr wonen. Das Weib sol widerumb den Mann erkennen vnd halten/ für jhren lieben Herrn vnd Heupt/ von Gott zum schutze vnd nutze vber sie gesetzet / jyn hertzlich lieben/jhm trewlich anhangen/ vnterthenig vnd gehorsam sein/ Wie S. Paulus zun Coloss. am 3. zun Ephes. am 5. ermanet.

Zum Vierden/ Das an jhrer trewen zusammenhaltung vnd freundtlichen holdseligen begehung / Gott vnd Menschen ein hertzliches gefallen haben/ Wie Syrach bezeuget im 25. Capittel: Drey schöne ding sind/ die Gott vnd Menschen wolgefallen/ Wann

Brüder

Vnterricht/für die/so in Brüder einig sind/ die Nachbaren sich lieb haben/vnd Man vnd Weib sich mit einander wol begehen.

Zum Fünfften/ Das ewre arbeit vnd mühe nicht gar vmb sonst sein sol/ sondern das Gott die segnen wolle/ das jhr ein ehrlichs außkomen/ lust vnd freude haben sollet/ Wie das Buch der Weisheit am 3. saget: Bonorum laborum copiosus est fructus, Gute arbeit hat reichen lohn. Vnd Paulus saget: Ewre arbeit sol nicht vergeblich sein im HErrn. Dauid im 128. Wol dem der den HErrn fürchtet/ vnd auff seinen wegen gehet/ der wird sich nehren seiner hende arbeit/ Wol dir/ du hast es gut/ Dein Weib wird sein wie ein fruchtbar Weinstock vm̃ dein Haus/vnd deine Kinder wie die Oelzweige vmb deinen Tisch her/ Sihe/ so wird gesegnet der Mann/ der den HErrn fürchtet.

Zum Sechsten/ Das Gott auch dort in jenem Leben/ wenn jhr hie in glauben

Ehestandt tretten wöllen.

glauben vnd gedult außharret / aller ewer a. beit / sorge vnd schmertzens / so jhr in diesem ewrem stande außstehet / reichlich wil ergetzen / ewige freude / friede vñ herrligkeit darfür euch geben / Wie Christus saget / Matth. am 10. Wer verharret bis an das ende / der sol selig werden. 1. Pet. 1. Die jhr hie eine kleine zeit / wo es sein sol / trawrig seid, in mancherley anfechtungen auff das ewer Glaube recht schaffen erfunden werde / die werdet jhr dort euch frewen mit vnaussprechlicher freude / vnd das ende ewers Glaubens darvon bringen / Nemlich / der Seelen heil vnd seligkeit. Apocalip. 20. GOtt wird abwisschen alle Threnen von ewren augen / vnd der Todt wird nicht mehr sein / noch leid / noch geschrey / noch schmertzen. Paulus zun Römern am 8. Das weis ich / das dieser zeit leiden nicht werd ist der herrligkeit / die an euch dort sol offenbaret werden.

Von

Vnterricht: für die/ so in

Von der Sechsten Anfech-
tung/ oder der vnfruchtbarkeit
vnd vbelrahtung der
Kinder.

Vm Sechsten/ folget die Anfechtung von der Vnfruchtbarkeit/ darüber sich Christliche Eheleute auch nicht wenig pflegen zubekümmern/ In deme sie es jhnen gleich als eine schande zumessen/ das sie nicht auch/ wie andere Leute/ Leibesfrüchte bekommen. Dann wie D. M. Lutherus saget: Mulieris benedictio & honor est gestare vterum, & lactare puerum, Eines Weibes Segen/ ruhm vnd ehre ist es/ wann sie schwangers leibes ist/ vnd jhr Kindelein seuget. Also hierwider spricht Ambrosius: Pudor est Fœminis nuptiarum præmia non habere, Es ist den Weibern eine schande/ wenn sie keine Kinder haben. Vnd Augustinus saget: Matrimonium absq; Prole, est tanquam

Ehestandt tretten wöllen.

quam mundus atbq; Sole. Wie diese Welt/ohn der Sonneschein/wenig lust vnd freude geben würde/Also ist auch keine rechte lust vnd freude in dem Ehestande/wenn man keine Kinder zeuget/die die beste vnd lieblichste Kurtzweiler vnd Zeituertreiber sein. Vnd wie es an jhm selber Creutzes gnug ist/keine Kinder haben/Also weis der Teuffel/als der rechte Schadenfro/ diese Anfechtung meisterlich zu scherffen/vnd der Eheleute hertzen darüber mit viel schedtlichen gedancken vnd bekümmerlichen einfellen zu engsten vnd plagen/das sie durch sein einraunen gedencken/Sihe/da spürestu/das du ein verfluchtes Mensch bist/weil er dir den Segen der fruchtbarkeit entzeuhet/den er sonsten vber alle Menschen vnd Creaturen gesprochen hat vnd gehen lesset/ Werestu bey jhm in gnaden/Hette er lust vnd gefallen an deinem Ehestande/Ey so würde er dir ja auch Kinder bescheren/ wie ander Leuten/Weil er aber das nicht thut/so folget draus/das du ein sonderlich

Vnterricht / für die / so ſſt
lich verfluchtes Menſch muſſeſt ſein / Vñ
haſt dich keiner / oder doch wenig gnade zu
jhme zuuerſehen.

Rhat vnd Troſt / wider dieſe
Anfechtung.

Jerwider gibt nu Syrach
men zwiefachen Rhat vnd Troſt /
in dem er ſpricht: Die jhr den
HERRN fürchtet / hoffet des
beſten von jhm / ſo wird euch troſt
vnd gnad allzeit widerfaren. Sehet
an die Exempel der Alten / Wer iſt je
mals zu ſchanden worden / der auff jhn
gehoffet hat / ʒc.

Zum Erſten / Das man es drumb /
nach eingebung des Teuffels / nicht balde
müſſe für ein zeichen des Fluchs / Zornes
vnd Vngnade Gottes halten / wann er
nicht balde oder auch wol gar keine Kin-
der im Eheſtande gibet / Sondern man
ſolle jhm in aller furcht / demut vnd ge-
dult den willen Gottes gefallen laſſen /
vnd wiſſen / Er mache es mit vns allzeit
wie

Eheſtandt treten wöllen. 49

wie er wolle/ ſo hat vnd behelt er doch gegen vns ein Vaterhertze/ Vnd weil er/ als vnſer Vater/ am aller beſten weis/ was vnſer nutz oder ſchade iſt/teilt er auch ſeine zeitliche Güter vnd Gaben aus/ nach ſeinem gnedigen willen vnd wollgefallen/vnd nach vnſerm beſten.

Vnd wo er nicht gibt ad noſtram voluntatem, nach vnſerm wunſch vnd begeren/ſo gibt er doch gewiß ad ſalutem, nach vnſerm heil/ nutze vnd wolfart. Drumb wir es billich ſeinem Göttlichen willen/ in aller gedult vnd demut/ heimſtellen/vnd vns gleichwol/er gebe Kinder oder nicht/ aller Gnade vnd des beſten zu jhm verſehen/Mit Syrach dencken/vnd ſagen: Es iſt beſſer ein from Kind/ als tauſent Gottloſe/ Oder ohne Kinder ſterben/ als Gottloſe Kinder haben. Vnd mit Chriſto/Lucæ 23. Es kömpt die zeit/ das man ſagen wird/ Selig ſind die Vnfrüchtbare/ vnd die Leibe/ die nicht geboren haben/vnd die Brüſte/ die nicht geſeuget han.   G   Zum

Unterricht/ für die/ so ꝛc.

Zum Andern/ Macht er diesen Trost gewiß/ mit fürstellung der Exempel/ derer/ denen Gott auch nicht balde Kinder gegeben hat/ vnd nichts desto weniger jhr gnediger Gott vnd Vater gewesen vnd geblieben ist. Als den Abraham liebet Gott/ vnd verheischt jm seine Gnade vñ ewigen Segen/ Gen. 12. vñ lest jn doch gleichwol mit seiner lieben Sarah/ ꝛc. Kinder bleiben/ bis in sein hohes Alter. Drumb S. Paulus zun Röm. am 4. seinen Glauben/ gleich als ein Wunderwerck rhümet/ Er gleubte auff hoffnung/ da nichts zu hoffen war/ Ward nicht schwach im glauben/ Sahe nicht an seinen erstorbenen Leib/ weil er fast hundertjerig war/ Auch nicht den erstorbenen Leib der Saren. Dann er zweiffelt nicht an der verheischung Gottes/ durch vnglauben/ sondern ward starck im glauben/ Vnd wuste auffs aller gewiste/ das was Gott verheisset/ das kan er auch thun.

Isaac ist in solchen gnaden bey Gott/ das er zu seiner Freyen einen Engel sen-

Ehestandt tretten wöllen.

det/der sie hilffet befördern/ Vñ dennoch lest er jhn bey 20. Jahren ohne Erben bey seiner hertzliebsten Rebecca wonē/Gen.25.

Jacob war in solchen gnaden bey Gott/das er sich jhme/in einem sonderlichen Gesichte/offenbarte/vñ vom Himel herab mit jhm redete / jhm leiblichen vnd geistlichen Segen zusagte/Gen. 28. noch gab er jhm eine lange zeit / võn seiner Rachel/keine Kinder/Gen.29.30.

Wird nicht Zacharias vnd Elisabeth von S. Luca gerhümet / das sie from vnd gerecht / lieb vnd angeneme für Gott gewesen sind / vnd gleichwol gibt jn Gott in jhren jungen Jahren keine Kinder/bis in jhr hohes Alter.

Nutz vnd gebrauch dieser Exempel.

Rumb weil diese Exempel ausweisen/ das Kinderzeugen nicht stehet in Menschen kräfft vnd vermügen/sondern alleine in Gottes Handt/Gaben vñ Segen/ das er sie gibt

G ij   nach

Vnterricht/für die/so in
nach seinem willen/weme/wanne vñ wie
es jhm gefellig ist. So sollen Christliche
Eheleute billich gedult/ in solchem falle/
tragen/ nicht wider Gott murren/ nicht
eines das ander drumb ankieseln vnd an
grunzen/ nicht mit vnfreundtligkeit der
Mann es dem Weibe/ das Weib dem
Manne fürwerffen/ oder bey alten Zeu-
berschen/Christallenschern vñ Zigeunern
rhat darwider suchen/ Wie offt zugesche-
hen pfleget/bey hohen vnd niedern Perso-
nen/ Darmit man aber die sache nicht
besser/ sondern nur erger machet. Das
sollen aber Christen nicht thun/ sondern/
nach vorerzelten Exempeln/Gott anruf-
fen/ernstlich vnd innigklich/ das er seinen
gesprochenen Segen/ Seid fruchtbar
vnd mehret euch/ vber jnen auch kreff-
tig wolle sein lassen/ jhnen Leibesfrüchte
bescheren.

Also badt Isaac für seine vnfrucht-
bare Rebeccam/ vñerlangete durch sein
gleubiges Gebett zwene Söhne auff ein
mal/ Gen. 25.

Also

Alſo baten Gott vmb Leibesfrüchte Jacob vnd Rahel / vnd Gott gedächte an Rahel / erhöret ſie / vnd machte ſie fruchtbar / Gen. 30.

Alſo erlangete die vnfruchtbare Hanna / durch jhr Gebett / den Samuelem / der gar ein hoher vnd thewrer Mann wardt / 1. Sam. 1.

Dann das iſt Gottes eigen werck / ſaget Dauid im 113. Pſalm / das er die Vnfruchtbare / im Hauſe wonendt / zu einer frölichen Kindermutter machet. Vnd im 127. Pſalm / Kinder ſind eine Gabe des Herrn / vnd Leibesfrüchte ſind ſein Geſchenck.

Rhat vnd Troſt in vbelgerhatung der Kinder.

LEtzlich / Weil auch die vbelgerhatung der Kinder / den Eltern nicht wenig hertzeleit machet / Wie Salomon ſaget / Prou. 17. Ein Gottloſer Son iſt ſeines Vaters trawren / vnd ein betrübnis ſeiner Mutter / die

Vnterricht/für die/so in
jhn geboren hat. Vnd Syrach am 22.
Ein vngezogener Sohn/ ist seinem
Vater ein vnehre/ Welche Tochter
wilde ist/die ist beide dem Vater vnd
der Mutter eine vnehre. So mus ich
hie/zur zugabe/aus Gottes Wort/ auch
Rhat vnd Trost darwider setzen.

Erstlich/ Wer vngeratene Kinder
hat/an denen er vnehre vnd schande/ be-
trübnis vnd hertzeleid erlebet/der sol erst in
sich selber gehen/sein Hertz vnd Gewissen
fragen/ Ob er mit seinem vbel auffsehen
vn̄ nachlessiger Kinderzucht/darzu vrsach
vnd verhengnis gegeben hat/ Wie dann
jtzundt viel Eltern/ leider/ thun / die jhre
lust drane haben/ wann jre Kinder in der
jugendt fein frech vn̄ mutwillig sind/ da-
her fluchen / wie die Landtsknechte / alle
büberey treiben/Ey/sprechen sie fein mit
lachēdem munde/Sihe/ wie wird das ein
Hane werden / Aber letzlich sehen sie mit
betrübnis/ was für Hanen sie gezogē ha-
ben /wann sie der Hencker auff dem Ra-
benstein schlachtet/ vn̄ der Teuffel in der
Helle brātt.   Fin.

Ehestandt tretten wöllen.

Findet er sich nu darinne schuldig/sol er sich balde für Gott demütigen/ vñ gedencke/es geschehe jm eben recht/Seinen vnfleiß/als eine grosse verdamliche Sünde/sol er erkennen vñ berewen/ vnd Gott im glauben es abbitten / auch sich dessen getrösten/das es jhm Gott/aus gnaden/ wolle vergeben / laut seiner Zusage/Jer. am 33. Ich wil jnen vergeben alle missethat/ darmit sie wider mich gesündigt haben. So that Eli/da jhm Gott die straffe/ seiner vnfleissigen Kinderzucht halben/ankündigen ließ/sprach er / in demut: Er ist der HErr / er thue was jhm wolgefellet.

Befindet er aber in seinem Hertzen/ das ers an jhme/mit ermanen/vnterweisen/warnen vnd straffen/ nicht hat manglen lassen/so hat er sich seines guten Gewissens zufrewen/ Vnd kan sich trösten der verheissung Gottes/ im Propheten Ezechiel/am 18. gethan/Die Seele/die da sündigt/die sol sterbē/Der Vater sol nicht tragen die Missethat des Sohnes.   G iij   Zum

Zum Andern / Sol er jhme/ nach Syrachs ermanung / fürstellen die Exempel anderer Eltern / die wol heiliger/ im Glauben vnd Gottesfurcht völliger gewesen sind / als er ist / Vnd dennoch hat sie Gott mit bösen Kindern gestraffet vnd veterlich heimgesuchet. Als den Adam vnd Euen / mit dem bösen Brudermörder Cain / Den Abraham/ mit dem Spötter Ismael. Noha / mit dem vnuerschampten Cham. Isaac/ mit dem eigenwilligen Esau. Dauid / mit dem Ammon vnd Absolon/ derer einer jhme seine Tochter / der ander seine Kebsweiber schendete.

Nu/ an diese Exempel dieser hoher heiliger Leute gedenck/ trage dein Creutze mit gedult / vnd sprich mit dem heiligen Augustino / Wie fleisige Kinderzucht ich gleich in meinem Hause halte / so darff ich mir doch nicht zumessen / das mein Hauß besser sey / dann die Archa Nohæ / da nur acht Menschen inne waren/ vñ war doch ein verworffener drunter.

Ehestandt tretten wöllen.

ter. Ich bin ein Mensch/ vnd lebe vnter den Menschen/ Mein Hauß kan nicht besser sein/ als des Abrahams/ zu deme gesaget ward/ Stöß die Magdt hinaus/ mit jhrem Sohne.

Auch ist es nicht besser/als das Hauß Jsaacs/zu deme gesaget ward/von seinen zweyen Söhnen/ Esau hasse ich/ Jacob habe ich lieb.

Auch ist es nicht besser/als Christi des Herrn/ der nur zwölff Jünger hatte/vñ vnter denen seinen Verrehter/ vber seinem Tische/ vnd mit jhm aus der schüssel essendt.

Beschluß.

Er diese Gründe/ offt vnd viel betrachtet vnd zu gemüte füret/ der wird befinden/das der heilige Geist/sein Hertze dardurch beweget/ seinen Glauben stercket/ vnd jhn anreitzet/ mit

G v allen

Vnterricht, für die/ so in Ehe. xc.

allen freuden/ in seinem Ehestande
vnd beruffe fortzufaren/ sich nichts
hindern zu lassen/ Gott anzuruf-
fen/ vnd seines trostes/ rettung vnd
hülffe/ frewdig zuerwarten. Darzu
verley vns Gott/ vmb seines Sons
willen/ durch seinen heiligen
Geist/ stercke vnd krafft
gnediglich/

A M E N.

Ein

I.
Ein fein Gebet der Eltern/
Für jhre Kinder/ Das sie Gott erhalten/ vnd wol wölle geraten lassen.

HERR Jhesu Christe/ Weil du mit grossem ernste befohlen hast/ Das man die Kinder zu dir solle kommen lassen/ sintemal das Reich Gottes jhr ist/ des sie theilhafftig worden sind/ in der heiligen Tauffe/ durch den glauben/ So bringen wir auch vnsere Kinderlein/ so du vnd dein himlischer Vater vns gegeben hast/ zu dir/ Der tröstlichen zuuersicht/ du werdest sie auch/ wie jhene Kindelein/ in deine Arme nemen/ vnd dich vber sie erbarmen.

Bitten derhalben/ vmb deines bittern Leydens vnd Sterbens willen/

willen/ welchs vnser höchster vnd
bester Schatz ist/ Du wöllest vn-
sere Kinderlein/ durch deinen heili-
gen Geist/ regieren/ das sie in Got-
tes erkendtniß/ ehr vnd dienst/ er-
wachsen vnd verharren/ etwas gu-
tes vnd nützes lernen/ daruon sie
sich/ durch deinen segen/ ernehren.
Wöllest sie für böser Gesellschafft/
die sie pfleget in verderben Leibs vñ
Seelen zu bringen/ gnediglich be-
waren. Wöllest/ durch deine heili-
ge Engel/ sie wider des Teuffels list
vnd tück/ vnd für allem onglück/
gnediglich behüten/ Vnd es mit ih-
nen also schicken/ das sie dir hie/
nach deinem wort vnd willen/ die-
nen/ dort ewig bey dir leben/
vnd dich loben/
Amen.

II.
Ein Gebet/für einen Christlichen Ehemann.

HERR Gott / Himlischer Vater / Ich bin gewiß / das du mich in diesem heiligē Ehestande zu leben beruffen hast / Vnd das dir / inn meinem Haußregiment/ alle meine werck/allein vmb des Glaubens willen an Jhesum Christum/wolgefallen. Darumb bitte ich dich / vmb dieses deines Sohns willen/du wöllest des Teufels Macht / vnd grewlichs fürnēmen/wehren/ vnd zu nichte machen/ Das er vnser beider Hertze zuuerbittern/sich nicht vnterstehe/ Sondern wöllest meines Weibes hertz/ dahin richten vnd lencken / das sie deinem Gebote nach/ mich recht vn̄ von her-

von hertzen liebe/ ehre vnd gehor-
sam sey.

Auff das dein Name/ durch
vnser beider heiligen wandel/ vnd
in einigkeit/ gepreiset/ vnd die Lere
des Euangelij/ durch vnser Christ-
lich leben/ möge geehret vnd
gezieret werden/
Amen.

III.
Ein Gebet/ Für eine Christ-
liche Ehefraw.

ALlmechtiger/ Barmhertziger
Gott/ Ich sage dir Lob vnd
Danck/ das du mich in deinen
heiligen Ehestandt gesetzet/ vnd zu
einer Hausmutter verordent hast/
Vnd bitte dich hertzlich/ hilff mir/
das ich alles/ was du mir/ in sol-
chem Beruff vnd Stande/ aufferle-
get

seget haſt/wol außrichten/ vñ mich allenthalben recht vnd Chriſtlich halten möge.   Regiere vnd ſtercke meinen lieben Herrn vñ Haußwirt/ mit deinem heiligen Geiſte/ das er ſein Ampt vnd Beruff/ mit deiner hülffe/nützlich verwalte vnd außrichte.

Gib jhm auch Gnade/ das er mir/vñ dem gantzen hauſe/Chriſtlich fürſtehe/ mich/ nach deinem gebot/ liebe / ehre / verſorge / vnd mit vernunfft vnd freundligkeit regiere. Erhalt vns beide/ nach deinem veterlichen willen/ bey einander/ inn geſundheit/ liebe vnd einigkeit.

Gib/ das vnſere liebe Kinderlein vnd Geſinde/ gerne gehorchen/ vnd alſo durch vns wol erzogē werden/ vnd wolgeraten/ Das wir

Troſt

Trost vnd Frewde an jhn haben/
vnd erleben mügen.

Deine heilige Engel laß ober
vns sein/ vnd vmb vns wachen/ das
sie vns auff all vnsern wegen behü-
ten/ Vnd alles/ was du vns besche-
ret hast/ bewaren/ darmit der Teu-
fel/ vnd böse Leut/ vns keinen scha-
den noch leid zufügen mügen/ auff
das wir dir/ vnserm lieben Gott vn̄
Vater/ allezeit dancken/ vnd dich/
sampt den vnsern/ ewig loben vnd
preisen/ Durch Jhesum Chri-
stum/ deinen Sohn/ vn-
sern HErren/
Amen.

IIII.
Ein fein Gebet/ Für Hohe
Personen/ die im Regiment
sitzen.

Himlischer

Himlischer / Ewiger Vater/ Nach dem du mich zu Weltlicher Obrigkeit / Ehre vnd Dignitet/erhoben hast/ So bitte ich dich / du wöllest mir darzu Weißheit vnd Verstandt geben / durch welchen ich/als dein trewer Stadthalter / an meinem orthe / nützlich vnd wol regieren / vnd mein aufferlegtes Ampt / nach deinem worte vnd wolgefallen / füren vnd ausrichten könne.

Du wöllest mir auch/mein lieber GOtt / Trewe Rhete/Diener vnd Beysitzer geben / vnd die mir jetzund dienen vñ beywonen / durch deine Gnade regieren / das sie / neben mir / der Vnterthanen Nutz/ Christlich bedencken/ das beste rhaten vnd befürdern helffen. Gib mir auch / gegen meiner Hohen
H Obrig-

Obrigkeit/ gnade vnd gunst/ Vnd
in meinem Regiment/ gehorsam
vnd guten willen bey den Vnter‐
thanen/ darmit liebe vnd einigkeit/
Christliche Zucht vnd Erbarkeit/
wachse vnd zuneme/ Das Recht
ordentlich gehe/ Vnd allen Sün‐
den/ die wider dein heiliges Gebot
sind/ vnd dich erzürnen/ gestewret
vnd gewehret werde/ Vnd also/
Obrigkeit vnd Vnterthan/ dein
Gnad vnd Segen entpfahe/ durch
deinen Sohn Jhesum Chri‐
stum vnsern HErren/
Amen.

Eine Anleitung/ Wie ein Christ sein Hertze teglich rüsten vnd trösten sol/ wider die furcht des Todes vnd Verdamnis.

Mein liebe Seel/ Was fürchstu dich?
In die Hell wirstu faren nicht.
Christus mit seinem Todt vnd Blut/
Hat dich erlost aus jrer glut.
Auff jhn all dein vertrawen richt/
Er kan vnd wil dich verlassen nicht.
Loß machen wil er dich vom Gericht.
So fahr nu hin frewdig/ wann Gott.
Abfordern wil dich durch den Todt.
Christus der wil dein Gleitzman sein/
Helffen ins Ewige Leben nein.
Sein Reich vnd Frewd dir theilen mit/
Ey drauff fahr hin getrost im fried.
Amen.

H ij Wundsch

Wundsch vnd Bitte/ zu Gott/ vmb glücklichen fortgang/ angefangenes Eheverlöbniß/ zwischen dem Edlen/ Wolgebornen Herrn/ Herrn Günther/ Graffen zu Waldeck/ Vñ Frewlein Margareten/ Geborner Greffin zu Gleichen.

G ott der Herr/nach der weisheit sein
G esetzet hat den Ehestandt ein/
V nd gibt eim jeden ein Gemael/
N ach seim willen vnd wolgefal.
T röstet nach erlittenem leidt/
H ilffet aus widerwertigkeit.
E rfaren ich solchs selber hab/
R ühm vnd preiß ihn für seine gab.
V nd bitt/ das er zum fürhan mein/
VV olle geben den Segen sein.
      Amen.

        Frölich

FRölich bin ich aus hertzens grundt/
M einen GOtt lob ich alle stundt.
AUdieweil er nach seinem Rhat/
R echt veterlich mich versorget hat.
Gibt mir ein Ehegemahl vñ Herrn/
An Gottes furcht/gelt/ gut vñ ehrn
Reich/bey dem ich in fried vñ freudt/
Erfüllen sol / meins lebens zeit.
Trewer Gott mein/ durch den Geist
Hilff vns beiden/einig zu sein/(Dein/
Als lang vns leucht der Sonnen
Vnd behüt vns zu aller frist/(schein/
Gnediglich für des Teuffels list/
Amen.

      M. S. scribe/
      bat j. Feb.

   H iij   Distis

Distichon Numerale Nuptiarum Annum, Mensem & Diem continens.

Gonthero à VVaLDeCk
  GLyChenSIs Sponsa LoCata eSt.
HoC Phæbe TeStor febrVa
  QVInjVe qVaDraus.

Gedruckt zu
Erffordt/ durch Georgium
Bawman/ wonhafftig auff
dem Vischemarckt.
Anno
M. D. LXXXII.